BLV aktiv + gesund

Dirk Engel-Korus

DIE NEUE KNIESCHULE

Übungsprogramme zur Entlastung, Vorbeugung und Rehabilitation

blv

Die Deutsche Bibliothek –
CIP-Einheitsaufnahme

Die neue Knieschule :
Übungsprogramme zur Entlastung, Vorbeugung und Rehabilitation / Dirk Engel-Korus. [Fotos: Ulli Seer]. –
München ; Wien ; Zürich : BLV, 1999
(BLV aktiv & gesund)
ISBN 3-405-15709-9

Demonstration der Übungen:
Katrin Engel · Helmut Haiberger

Bildnachweis
Titelfoto: Ulli Seer
Fotos: Ulli Seer
Satz & Layout: Atelier Steinbicker, München
Umschlaggestaltung: Atelier Steinbicker
Lektorat: Karin Steinbach
Grafiken: Jörg Mair
Herstellung: Manfred Sinicki

BLV Verlagsgesellschaft mbH
München Wien Zürich
80797 München

Druck und Bindung: Passavia, Passau

Gedruckt auf chlorfrei gebleichtem Papier

Printed in Germany · ISBN 3-405-15709-9

Dirk Engel-Korus,
Jahrgang 1965, ist Diplomsportlehrer und hat neben der Trainer-A-Lizenz für Kunstturnen als Leistungssport eine Lizenz als Rückenschulleiter. Seine Erfahrungen im Bereich Fitness und Gesundheit setzt er als Lehrreferent der Akademie des Deutschen Turnerbundes und Leiter der dortigen Rückenschullehrer-Ausbildung sowie als Referent für den Deutschen Sportlehrerverband auch auf nationalen und internationalen Kongressen um. Er ist Autor zahlreicher Beiträge in Fachzeitschriften und hat zum Themenkreis »Fitness durch Kraft- und Bewegungstraining« Publikationen für den Deutschen Turnerbund sowie ein Buch veröffentlicht.
Für Workshops und Seminare ist er unter Tel. 01 77 / 3 99 20 09 erreichbar.

Danksagung

Danken möchte ich allen, die mich auf Verlagsseite bei der Erstellung dieses Buches unterstützt haben. Ich danke meiner Familie, die mir ermöglicht hat, dieses Buch zu schreiben: meiner Frau Katrin, die mir auch als Kollegin mit Rat und Tat zur Seite stand und sich für die Fotoaufnahmen zur Verfügung stellte. Besonders entlastet haben mich unsere Kinder Lydia und Paul, die zahlreiche Abende auf mich verzichten mussten und bereits mit einem Gute-Nacht-Küsschen zufrieden einschlummerten.

Inhalt

Vorwort

Das Kniegelenk ist das anatomisch und funktionell komplizierteste Gelenk unseres Körpers, bedingt durch seinen komplexen Aufbau aus Menisken, Kniescheibe, Kreuzbändern, Seitenbändern, durch die fehlenden Knochen und die Bandführung. Ungleiche Gelenkflächen von Schienbein und Oberschenkel stellen einen weiteren Grund dar. Kaum verwunderlich, dass einerseits eine gute muskuläre Funktion als »Korsett« notwendigen Schutz bietet, andererseits »richtige« Bewegungsausführung, günstiges Körpergewicht und angepasste Ernährungsweise zur Schonung der einzelnen Strukturen beitragen. Wohlgemerkt, das normale Alltagsverhalten ist für die Erhaltung des Knieapparates wichtiger als Medikamente. Und weiter: Prävention ist besser, leichter, weniger aufwendig (zeitlich und finanziell) als Rehabilitation. Dennoch, auch bei vorhandener Kniearthrose können physiotherapeutische, diätische, d. h. allgemeine Maßnahmen, also auch die Bewegungstherapie, eine wertvolle Ergänzungsmaßnahme zu anderen Therapien sein.
Als ehemaliger »Lehrer« des Autors freut es mich besonders, dass meine Vorlesungen an der Universität auf fruchtbaren Boden gefallen sind, indem Herr Engel-Korus jetzt in Fortführung und Ergänzung eine »Knieschule« erstellt hat, die hoffentlich vielen ein nützlicher Ratgeber sein wird. Ich wünsche dem Buch sowie den anhand dessen trainierenden Lesern einen guten Erfolg.

Prof. Dr. med. K. Jung
Leiter der Abteilung Sportmedizin
Johannes-Gutenberg-Universität Mainz

Einführung

Vorbeugen ist besser als Heilen, das gilt auch für das Kniegelenk. Doch wer kennt ihn nicht, den ziehenden, dumpfen und manchmal stechenden Schmerz im Kniegelenk. Besonders macht er sich bemerkbar, wenn man längere Zeit gelaufen ist oder die Treppe heruntergeht, aber auch morgens nach dem Aufstehen schmerzen manchmal die ersten Schritte. Die Ursachen für diesen Schmerz sind oftmals Abnutzungserscheinungen im Kniegelenk. Diese sind ein natürlicher Prozess und gehören zum Älterwerden. Zu schnelles und zu frühes Altern der Gelenke kann jedoch durch ein gesundheitsförderndes Bewegungsprogramm vermieden werden.
Je früher Sie mit gesundheitsfördernden Bewegungsmaßnahmen beginnen, desto länger bleiben Sie leistungsfähig, und ein trainiertes Kniegelenk ist auch besser vor Unfällen geschützt. Genau das ist das Ziel dieser »neuen Knieschule«. Bewegen Sie sich regelmäßig, richtig und dosiert, damit es möglichst nicht zu Knieproblemen kommt.

Geben Sie sich einen Ruck und tun Sie etwas für Ihre Knie. Informieren Sie sich über den Aufbau und die Funktion des Kniegelenks, und testen Sie Ihre Knie mit den Testübungen im Theorieteil dieses Buches.
Es gibt viele Möglichkeiten, das Kniegelenk zu überlasten. Doch was können wir tun, um unsere Kniegelenke zu schützen? Setzen Sie das Kniegelenk im Alltag so ein, wie im Kapitel »Tipps für den Alltag« erklärt wird. Stehen, bücken und setzen Sie sich kniefreundlich. Das entlastet Ihre Knie und stärkt die Muskulatur.
Alle wichtigen Gymnastikübungen können Sie im Praxisteil dieses Buches nachlesen und problemlos ausführen. Die Übungen sind so leicht, dass Sie täglich trainieren können. Auch wenn Sie nur 5 Minuten aufbringen können, nehmen Sie sich diese kleinen Bewegungspausen. Je regelmäßiger Sie üben, desto schneller werden Sie spüren, wie gut sie Ihren Kniegelenken tun.
Das Motto lautet: Bewegen, ohne zu belasten!

Anatomische Grundlagen

Rund um das Knie

Das Kniegelenk ist das größte Gelenk des menschlichen Körpers und vom Aufbau einem Scharniergelenk sehr ähnlich. Es wird gebildet von dem Oberschenkelknochen (Oberschenkelrolle), dem Schienbein (Schienbeinkopfgelenkfläche), der Kniescheibe (rückseitige Fläche) und indirekt vom Wadenbein, welches jedoch keinen Anteil an der Kniegelenksfunktion besitzt. Das Zusammenspiel von Muskulatur, Sehnen, Gelenkkapsel, Knochen, Knorpel, Menisken und Bändern stabilisiert das Kniegelenk. Da das Kniegelenk nicht allein durch die Form von Ober- und Unterschenkel gesichert wird, ist es dementsprechend verletzungsanfällig.

Die Last, die das Kniegelenk zu tragen hat, wird von dem Gelenkkopf des Oberschenkels auf die Gelenkpfanne des Schienbeines übertragen (Abb. 1, 2). Damit die Knochenenden sich nicht berühren und nicht direkt aufeinander reiben, befindet sich eine glatte und druckelastische Knorpelschicht auf den Gelenkflächen. Der Wechsel von Druck und Entlastung gewährleistet die Ernährung des Knorpels. Die wechselnden Druckverhältnisse ermöglichen, dass die Gelenkschmiere den Knorpel durchsaftet und Schlacken abtransportiert werden. Für eine gute Knorpelernährung

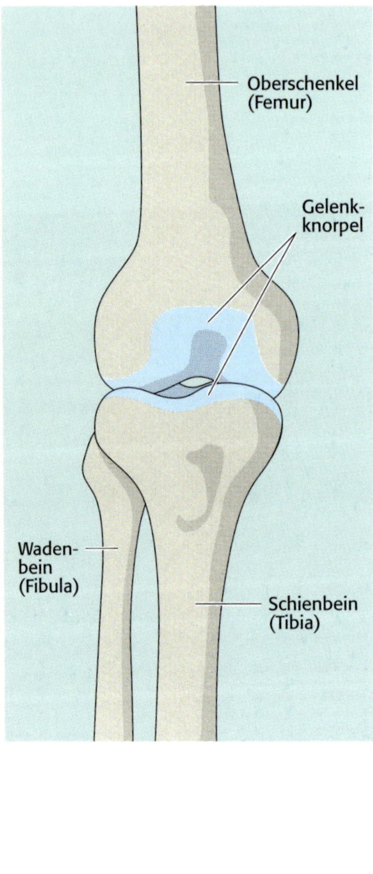

Abb. 1
Das Knie – Ansicht von vorne (ohne Kniescheibe)

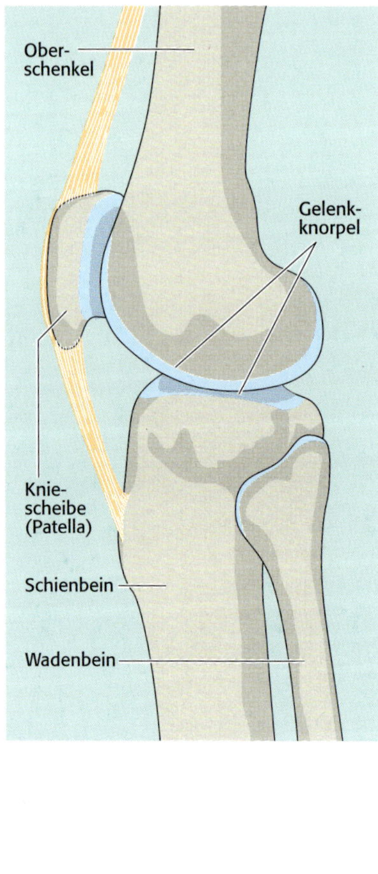

Abb. 2
Das Knie – Ansic von der Seite (Außenansicht)

sind folglich die Gelenkschmiere und ein richtiges Verhältnis von Bewegung und Entlastung wichtig.
Der Gelenkknorpel des Kniegelenks unterliegt, wie jede Knorpelmasse, einem natürlichen Alterungsprozess. Der Gelenkknorpel ist besonders gefährdet, frühzeitig abgenutzt zu werden, da die Knie z. B. beim Gehen und Stehen einen Großteil des Körpergewichts zu tragen haben. Diese Verschleißerscheinung eines Gelenkes wird in Fachkreisen als Arthrose bezeichnet. Sie stellt die häufigste Veränderung im Kniegelenk dar. Bei ständiger Überlastung wird der Knorpel schlecht ernährt, er wird rauh und fasert auf. Abriebteilchen können die Gelenkinnenhaut reizen, was zu einer Entzündung führen kann. Die dabei entstehenden Entzündungsstoffe lösen den Knorpel weiter auf. Durch die Schmerzen im Kniegelenk bewegen sich dann viele Menschen weniger, wodurch der Knorpel noch weniger ernährt wird und weiter verkümmert. Regelmäßige Bewegung, ohne große Belastungen und dementsprechend angemessen, könnte den Verlauf der Arthrose mildern.
Das Knie dient hauptsächlich zur Beugung und Streckung des Beines. Diese Bewegung des Kniegelenks ist ein Zusammenspiel aus einer Roll- und einer Gleitbewegung. Zu Beginn der Beugung rollt der Oberschenkel auf dem Schienbein nach hinten, wie ein Rad über den Boden (Abb. 3). Würde die komplette Beugung nur über die Rollbewegung stattfinden, fiele der Oberschenkel nach hinten über die Kante des Schienbeines herunter. Die Gelenkfläche des Schienbeines ist in diesem Fall nicht lang genug. Die Rollbewegung geht ab einem Beugewinkel von 10 bis 20 Grad

b. 3
iebeugung:
llbewegung

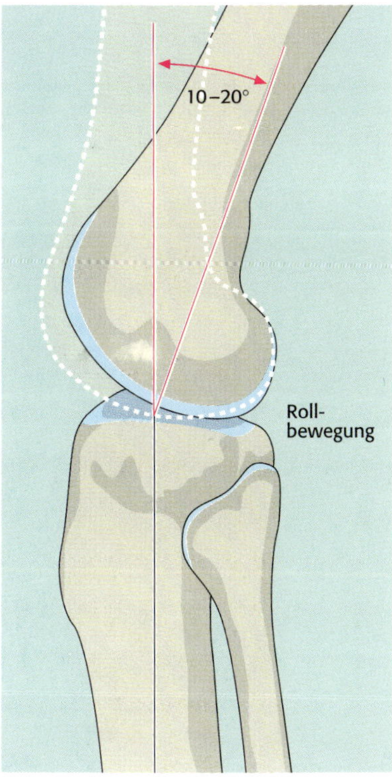

Abb. 4
Kniebeugung:
Gleitbewegung

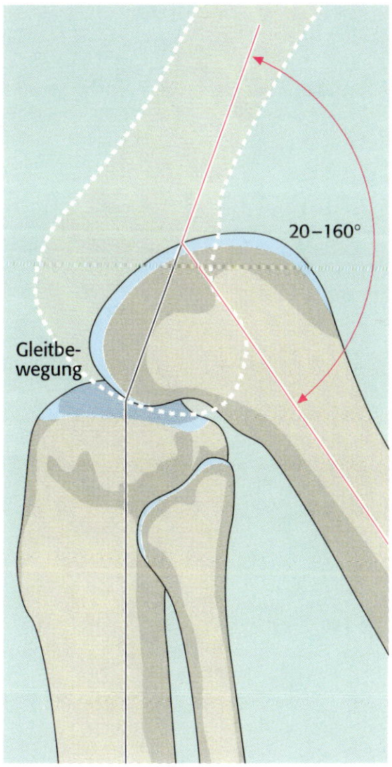

in eine Gleitbewegung über. Diese Gleitbewegung entspricht einem durchdrehenden Autorad bei Glatteis. D. h., das Gleiten ermöglicht eine Drehung bzw. Beugung ohne eine Rückwärtsverlagerung des Oberschenkels (Abb. 4). Eine reine Gleitbewegung ohne die anfängliche Rollbewegung ist nicht möglich, da der Oberschenkel frühzeitig an der hinteren Kante des Schienbeines aufgehalten werden würde. Interessanterweise entspricht die Beugung des Kniewinkels um 10 bis 20 Grad der Winkelveränderung beim normalen Gehen. Das Gehen wird folglich über eine Rollbewegung abgewickelt.

Darüber hinaus kann man bei gebeugtem Kniegelenk auch eine Drehung von Unterschenkel gegen Oberschenkel ausführen. Die Drehbewegung können Sie bei folgender Bewegungsübung beobachten: Setzen Sie sich auf einen stabilen Stuhl und beugen Sie die Kniegelenke bis zu einem Winkel von 90 Grad. Heben Sie nun die Fersen einige Zentimeter vom Boden ab. Drehen Sie die Fersen nach innen und nach außen und versuchen Sie dabei, die Fußgelenke so stabil wie möglich zu halten (Abb. 5, 6). Diese Rotation von Ober- zu Unterschenkel ist bei gestrecktem Kniegelenk nicht möglich. Zum Test

Abb. 5

Abb. 6

strecken Sie in Ihrer Sitzposition die Kniegelenke und legen Sie die Fersen auf dem Boden auf, das bedeutet, die Fußzehen zeigen nach oben. Wenn Sie nun Ihre Füße nach innen und außen drehen, so erfolgt die Drehung aus dem Hüftgelenk und den Fußgelenken, das Knie ist nicht beteiligt (Abb. 7, 8). Aus diesem Grund können Sie keine gegenläufige Bewegung von Oberschenkel und Schienbein beobachten. Folglich: Das Kniegelenk kann nur in gebeugter Haltung gedreht werden. Kurz vor der völligen Kniestreckung dreht sich der Unterschenkel gegen den Oberschenkel im Kniegelenk automatisch nach außen und zu Beginn einer Beugung wieder zurück. Diese Außenrotation verläuft in etwa über 5 Grad und kann beim Gehen am frei schwingenden Unterschenkel beobachtet werden. Beim Laufen wird diese so genannte »Schlussrotation« jedoch wieder durch eine horizontale Beckenverschiebung aufgehoben. Damit setzt der Fuß wieder gerade nach vorne auf und kann je nach Lauftempo optimal abrollen. Streckt man hingegen das Bein im Stehen, rotiert der Oberschenkel um 5 Grad nach innen, weil Fuß und Unterschenkel fixiert sind.

Mindestens zwei Anforderungen hat das menschliche Kniegelenk zu erfüllen: Einerseits muss es bei gestrecktem Bein sehr stabil sein, um den Körper zu stützen und zu tragen. Andererseits muss es bei gebeugtem Bein sehr beweglich sein, um den Fuß auf unebenem Boden zu unterstützen.

Abb. 7

Abb. 8

Die Menisken

Das Knie nimmt im Körper eine besondere Stellung ein. Die Gelenkflächen von Ober- und Unterschenkel passen nicht optimal zusammen. Der Kontakt zwischen den beiden Gelenkflächen ist nur an wenigen Punkten vorhanden. Diese Ungleichheiten gleichen verschiedene Puffer wieder aus, wie die Gelenkknorpel und besonders die Menisken. Die Menisken befinden sich im Gelenkspalt zwischen Ober- und Unterschenkel und wandeln die punktuellen Druckbelastungen in breitflächige um (Abb. 9 a).

Stellen Sie sich vor, eine Apfelsine würde auf einer Tischplatte liegen. Der Berührungspunkt zwischen Tischplatte und Apfelsine ist sehr klein und die Apfelsine kann durch leichte Berührung zur Seite rollen. Legen Sie nun zwei Apfelsinenstücke wie einen Ring unter die »Kugel«, die dickeren Seitenstücke zeigen nach außen. Die Auflagefläche der Apfelsine wird durch diesen Pufferring großflächig und stabiler. Der untere Teil der Apfelsine entspricht in diesem Beispiel der Oberschenkelgelenkfläche, die Tischplatte der Schienbeingelenkfläche und die Apfelsinenstücke den Menisken.

In einem Knie befindet sich ein innerer und ein äußerer Meniskus. Betrachtet man die Menisken von oben, so erscheint der innere Meniskus wie ein Halbmond, während der äußere Meniskus mehr wie ein fast geschlossenes »C« wirkt (Abb. 9 b). Die beiden Menisken wandern bei der Beugung des Kniegelenks nach hinten und bei der Streckung wieder nach vorne, um die Veränderung der Gelenkflächen auszugleichen (Abb. 10 a, b). Der innere Meniskus ist etwas eingeschränkt in seiner Beweglichkeit, da er im engen Kontakt zum inneren Seitenband und der Gelenkkapsel steht, was ihn verletzungsanfällig macht. Behindern

Abb. 9
Position der Menisken bei gestrecktem Kniegelenk

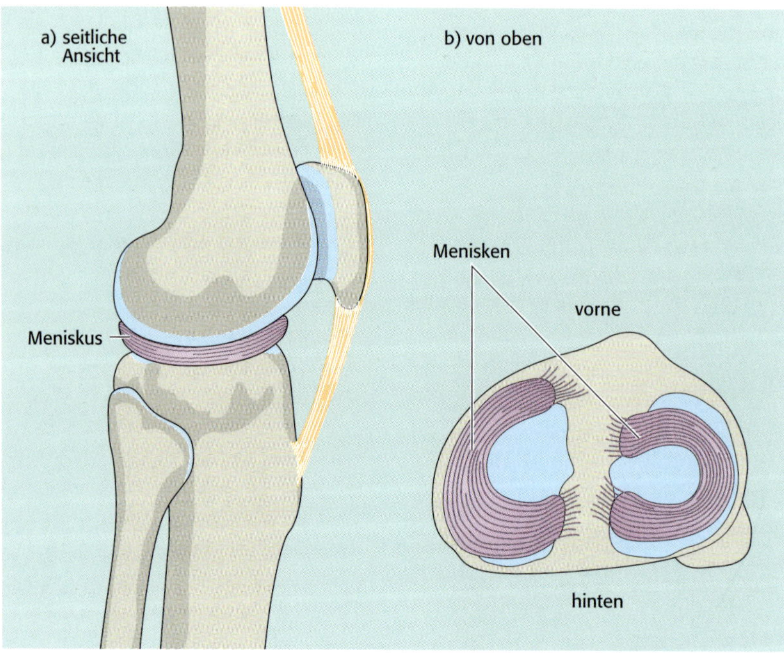

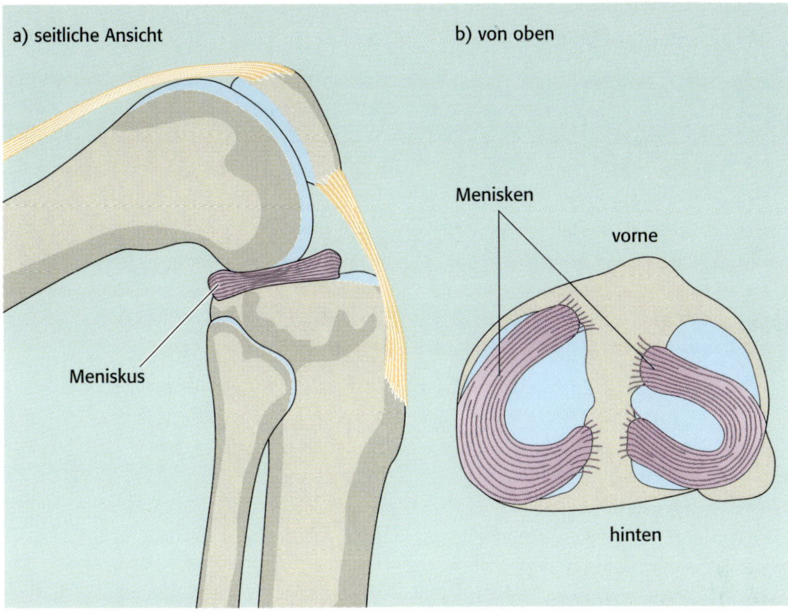

Abb. 10
Position der Menisken bei gebeugtem Kniegelenk

äußere Einflüsse, z. B. eine gewaltvolle Streckung des Knies oder ein Sturz mit gebeugtem und auswärts gedrehtem Knie diese Ausgleichsbewegungen, zertrümmern Oberschenkel und Schienbein die Menisken wie bei einem Hammerschlag auf einem Amboss. Dieses ungünstige Bewegungsmuster kann auch im Sport auftreten, z. B. durch eine schlechte Lauftechnik, beim Skifahren oder bei Ballspielen. Aber auch unfunktionelle Gymnastikübungen können die Menisken belasten, wie der Hürdensitz, das Gehen in tiefer Hocke oder das beliebte »Beine lockern«.

Eine aufgetretene Meniskusverletzung kann ohne eine entsprechende Behandlung zum vorzeitigen Verschleiß des Gelenkknorpels führen. Die hervorstehenden Meniskusfasern reiben den Gelenkknorpel ab und eine Arthrose entsteht.

Die Seitenbänder

An den beiden Seiten des Kniegelenkes befindet sich zwischen Ober- und Unterschenkel ein Band. Diese Bänder sichern die seitliche Stabilität des gestreckten Kniegelenks z. B. beim Stehen und Gehen. Das innere Seitenband ist kräftig und breit. Es ist mit der Gelenkkapsel und mit dem Innenmeniskus verwachsen und im Vergleich zum Außenband weniger beweglich. Es verläuft vom Oberschenkel schräg nach vorne zum Schienbein. Das äußere Seitenband zieht vom Oberschenkel zum Wadenbeinköpfchen und ist ungefähr bleistiftstark. Es ist nicht mit der Kapsel verwachsen. Es befindet sich sogar die Sehne des Kniekehlenmuskels zwischen dem Band und der Gelenkkapsel.
Die beiden Seitenbänder sind angespannt, wenn das Kniegelenk gestreckt ist (Abb. 11). Sie verhindern, dass in dieser Haltung das Knie nach innen

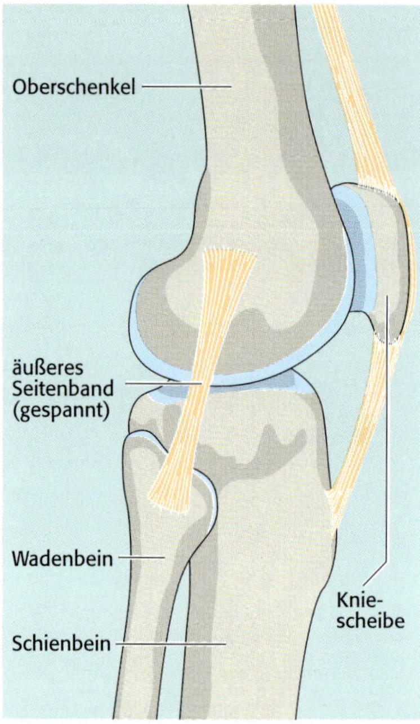

Abb. 11
Gespanntes Seitenband (außen) bei gestrecktem Kniegelenk

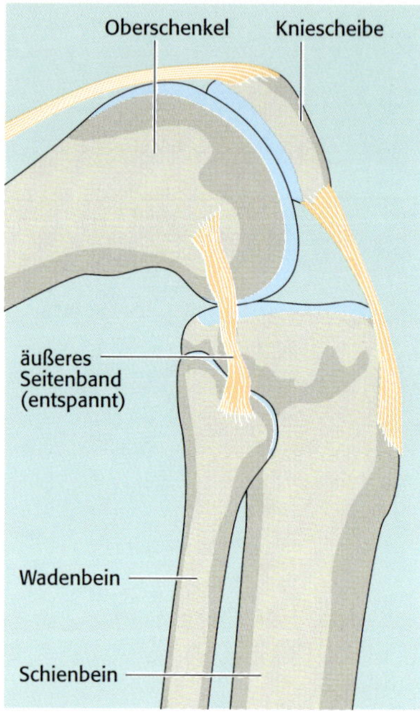

Abb. 12
Entspanntes Seitenband (außen) bei gebeugtem Kniegelenk

oder außen abknicken kann. Mit zunehmender Beugung, spätestens ab einer Beugung von 30 Grad, sind die Seitenbänder entspannt und ermöglichen dadurch zunehmend eine seitliche Bewegung sowie eine eingeschränkte Drehbewegung des Knies (Abb. 12).
Die beiden Kreuzbänder begrenzen die Innendrehung des Kniegelenks, während die Seitenbänder die Außendrehung einschränken.
Die Seitenbänder können durch eine seitlich gerichtete Gewalteinwirkung verletzt werden, meist bei fast gestrecktem Kniegelenk. Es entsteht eine Instabilität des Kniegelenks und die Bänder sind nicht mehr in der Lage, ein seitliches Wegknicken des Knies zu verhindern. Auch unfunktionelle Gymnastikübungen, wie der früher so beliebte Hürdensitz, beanspruchen die Seitenbänder. Es werden bei dieser Gymnastikübung besonders das innere Seitenband und der mit dem Band verwachsene Innenmeniskus belastet.

Die Kreuzbänder

Betrachtet man von vorne ein schematisch dargestelltes Kniegelenk, so lassen sich ungefähr in der Mitte des Gelenkes zwei Bänder zwischen Ober- und Unterschenkel erkennen. In der Darstellung (Abb. 13) sind die beiden Gelenkflächen von Oberschenkel und Unterschenkel zur besseren Übersicht etwas weiter als üblich voneinander entfernt.
Bei gestreckter Knieposition, z. B. im Stehen, haben die Kreuzbänder die Tendenz, sich umeinander zu schlingen und sehen aus, als würden sie sich überkreuzen. Die Kreuzbänder sind gleichmäßig angespannt, was auch bis zu einer Beugung von 60 Grad anhält. Danach beginnt sich das hintere Kreuzband stärker anzuspannen, d. h., die Belastung bei der Beugung liegt mehr auf dem hinteren Kreuzband. Wird nun das Kniegelenk wieder gestreckt,

. 13
zbänder eines
ematischen«
gelenks

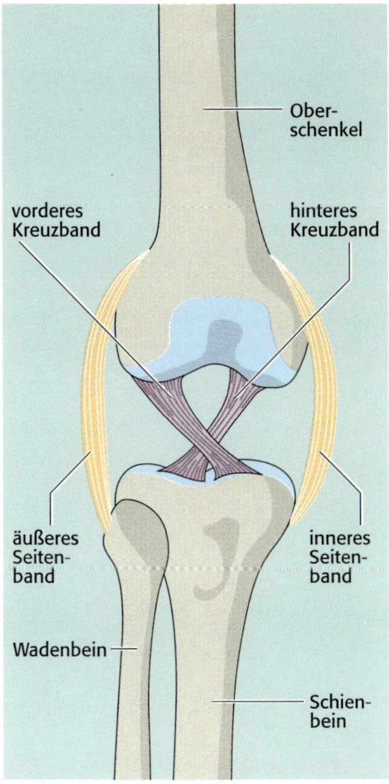

so verhindert das vordere Kreuzband eine zu große Überstreckung. So kann das Kniegelenk bei intaktem Band im Stehen nicht zu weit nach hinten geschoben bzw. nicht überstreckt werden.

Es ist möglich, bei gebeugtem Kniegelenk – z. B. beim üblichen Sitzen auf einem Stuhl – den Unterschenkel nach innen oder außen zu drehen. Bei nach innen gedrehtem Unterschenkel zeigen die Fußzehen zueinander, die Kreuzbänder sind in dieser Haltung noch deutlicher gekreuzt. Das vordere Kreuzband ist stärker gespannt. Die Innendrehung im Kniegelenk ist mit einem Handtuch vergleichbar, das man ineinander verwringt. Die beiden Enden des Handtuches nähern sich durch das Verwringen einander an. Dieser physikalische Effekt führt beim Kniegelenk zu einer Verkleinerung des Gelenkspaltes. Da diese Annäherung nur begrenzt möglich ist, schränken die Kreuzbänder die Innendrehung des Kniegelenkes deutlich ein. Bei nach außen gedrehtem Unterschenkel – die Fußzehen zeigen nun voneinander weg – sind die beiden Kreuzbänder eher parallel angeordnet, und es wird verstärkt das hintere Kreuzband angespannt. Die beiden Gelenkflächen von Ober- und Unterschenkel nähern sich jedoch nicht einander an, wie das bei der Innendrehung der Fall ist. Die Außendrehung wird also weniger von den Kreuzbändern aufgehalten als die Innendrehung.

Eine wichtige Aufgabe der Kreuzbänder ist, eine Verschiebung zwischen Oberschenkel und Unterschenkel zu verhindern. So sollen sie z. B. im Stehen verhindern, dass der Unterschenkel nach vorne oder hinten ausweicht. Das vordere Kreuzband sichert, dass der Unterschenkel nicht nach vorne gleitet. Das hintere Kreuzband sichert, dass der Unterschenkel nicht nach hinten gleitet. Sind die Kreuzbänder verletzt, hat dies eine Instabilität des Kniegelenks zur Folge. Das Knie knickt ein, besonders wenn die Beinmuskulatur nicht ausreichend gekräftigt ist. Das vordere Kreuzband wird z. B. verletzt, wenn beim Fußballspielen ein Spieler einen Tritt von hinten an den Unterschenkel erhält. Das hintere Kreuzband kann im Sport verletzt werden, wenn die Landung beim Weitsprung mit durchgestrecktem Kniegelenk eingeleitet wird.

Die Kniescheibe

Die Kniescheibe wird in Fachkreisen als Patella bezeichnet. Sie ist an der Vorderseite des Kniegelenks problemlos

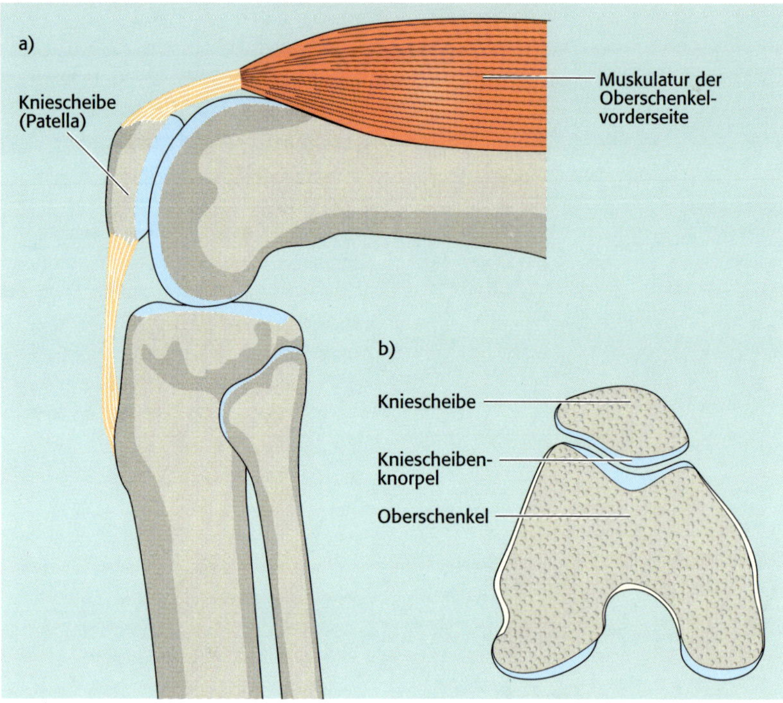

Abb. 14
Position der Kniescheibe: von der Seite (a) von oben (b)

zu ertasten. Die Kniescheibe ist eine knöcherne Einlagerung in der Sehne eines Oberschenkelmuskels. Dieser Muskel auf der Oberschenkelvorderseite streckt das Kniegelenk. Er hat seinen Ursprung an Oberschenkel und Becken und seine Sehne endet unterhalb des Kniegelenks, am Schienbein (Abb. 14 a). Die Kniescheibe kann bei gestrecktem Kniegelenk und entspanntem Oberschenkelmuskel etwas zur Seite bewegt werden. Bei angespanntem Oberschenkelmuskel (Kniegelenkstrecker) wird die Kniescheibe an das Kniegelenk gepresst und kann nicht mehr seitlich verschoben werden.
Betrachtet man die Kniescheibe von oben, so ist eine dreieckige Form zu erkennen. Eine Ecke zeigt in Richtung Kniegelenk und wird durch die Form des Oberschenkels aufgenommen, so dass die Kniescheibe wie ein Schlitten auf einer Bahn geführt wird (Abb. 14 b). Die Kniescheibe wird beim Beugen des Kniegelenks in die Bahn des Oberschenkels hineingedrückt. Auf der kniegelenknahen Rückseite der Kniescheibe befindet sich ein 4 bis 5 Millimeter dicker Knorpel, der die entstehenden Druckbelastungen auf die Kniescheibe abpuffert. Ohne die Kniescheibe würde die Sehne des Oberschenkelmuskels mit der Zeit abgerieben werden, ähnlich wie ein Wollfaden, der an einer Kante vorbeigezogen wird.
Der Druck, mit dem die Kniescheibe auf den Oberschenkel gepresst wird, steigt mit zunehmender Kniebeugung an und ist am größten bei einem Winkel von 90 bis 100 Grad. Diesen Kniebeugungswinkel sollte man im Alltag vermeiden, z. B. beim Heben von Gegenständen. Auch im Sport werden solche Kniebeugungswinkel ausgeführt, z. B. beim alpinen Skifahren oder bei der so genannten »Kniebeuge«. Bei

einer Kniebeuge kann, nach Meinung aus Fachkreisen, die Muskelkraft ca. vier mal so groß sein wie das Körpergewicht, wodurch rein rechnerisch die Kniescheibe mit 500 kp auf den Oberschenkel gedrückt würde. Es verwundert dann nicht, dass bei häufig wiederholten Kniebeugen in den gerade angesprochenen Winkeln der Kniescheibenknorpel angegriffen werden kann.

Die Gelenkkapsel

Die Gelenkkapsel des Kniegelenks ist ähnlich wie ein Zylinder aufgebaut. Stellen Sie sich eine Getränkedose vor, die an der Rückseite von oben nach unten eingedrückt ist. Diese Einstülpung teilt die Kapsel und das Gelenk in einen inneren und äußeren Bereich. So erhalten die beiden Menisken ihre zusätzliche Ortsbeschreibung. Die Kapsel ist sehr eng mit den Kreuzbändern verbunden, man kann die Kreuzbänder sogar als eine regionale Verstärkung der Kapsel ansehen. Darüber hinaus ist der Innenmeniskus mit der Kapsel verwachsen, wodurch er weniger beweglich ist.
Das Kniegelenk wird von dieser Kapsel luftdicht umschlossen. Sie besteht aus zwei Schichten. Die äußere Schicht ist derb und geht in die Knochenhaut über. Die innere und zartere Haut ist glatt und reich an Blutgefäßen und Nervenfasern. Diese Schicht sondert unentwegt die honigartige Gelenkschmiere ab. Die Gelenkschmiere überzieht mit einem dünnen Film den Gelenkknorpel und sorgt damit für ein reibungsloses Gleiten der Gelenkpartner und sie ernährt die Menisken und den Gelenkknorpel. Diese Gelenkelemente sind auf die Ernährung durch die Gelenkschmiere angewiesen, da sie keine Blutgefäße besitzen. Die Ernährung geschieht durch die so genannte Diffusion. Bei Bewegung wechseln die Druckverhältnisse im Gelenk. Diesen Vorgang können Sie sich am Beispiel eines Schwammes verdeutlichen. Drückt man einen nassen Schwamm zusammen, wird die Flüssigkeit herausgepresst. Lässt anschließend der Druck nach, kann der Schwamm wieder Flüssigkeit aufnehmen. Die Gelenkschmiere durchdringt auf diese Weise den Knorpel und die Menisken, um Nährstoffe abzugeben und Abfallprodukte (Schlacken) abzutransportieren.

Muskulatur bewegt und entlastet

Die Skelettmuskulatur dient zum einen zur Erhaltung der verschiedenen Körperpositionen, wie beim Stehen oder Sitzen, und zum anderen zur Bewegung, wie beim Gehen oder Laufen. Die Muskulatur macht bei einem 70 kg schweren Mann ungefähr 30 kg, also entsprechend 43% des Körpergewichts aus. Dieses Verhältnis kann sich bei Sportlern nach oben und bei untrainierten Menschen nach unten verändern.
Insgesamt befinden sich ca. 434 Skelettmuskeln, auch quergestreifte Muskulatur genannt, in unserem Körper.
Ein Muskel überträgt seine Kraft über die Sehnen auf den Knochen, indem er sich anspannt. Um diese Funktion für das Knie zu erfüllen, muss die Muskulatur über das Gelenk hinwegziehen. Dabei ist eine Bewegung immer ein Zusammenspiel vieler Muskeln. Beugen wir das Knie mit Hilfe der Muskulatur auf der Oberschenkelrückseite, so ist die Muskulatur der Oberschenkelvorder-

seite wiederum in der Lage, das Kniegelenk zu strecken und zu stabilisieren.

Eine gut trainierte Muskulatur entlastet die einzelnen Bestandteile des Knies, wie z. B. Menisken oder Bänder. Gut trainiert bedeutet aber nicht nur, dass die Muskulatur ausreichend kräftig sein muss, sie sollte auch dehnfähig sein, damit zwischen der beugenden und streckenden Muskulatur kein Ungleichgewicht entstehen kann.

Wichtig ist: Alle folgenden Bewegungsübungen sind für intakte Knie angegeben. Falls Sie die beschriebenen Bewegungen üben möchten, achten Sie bitte darauf, dass diese keine Schmerzen verursachen. Gegebenenfalls brechen Sie die Übung ab und kontrollieren, ob Sie die Übung richtig durchgeführt haben. Wiederholen Sie die Übung, und falls erneut Schmerzen auftreten, fragen Sie Ihren Arzt nach der möglichen Ursache.

Wissenswertes zur Beugemuskulatur

Die für die aktive Beugung des Kniegelenks zuständigen Muskeln befinden sich in erster Linie auf der Oberschenkelrückseite. Eine Beugung im Kniegelenk bringt die Ferse in Richtung Gesäß. Wie weit man das Kniegelenk beugen kann, hängt von der Stellung des Hüftgelenks ab. Die erste Übung wird im Stehen durchgeführt, also mit gestrecktem Hüftgelenk. Das Knie kann mit Hilfe der Kniebeugemuskulatur um 120 Grad gebeugt werden, indem der Unterschenkel nach hinten oben angehoben wird. Das Knie des Standbeines und des »freien« Beines bleiben bei dieser Übung nebeneinander (Abb. 15). Heben Sie für die zweite Übung das »freie« Bein um ca. 45 Grad nach vorne oben an, erhöht sich die Beugefähigkeit im Knie auf 140 Grad (Abb. 16). Diese unterschiedlichen Beugefähigkeiten können Sie gut verfolgen, wenn Sie das

Abb. 15

gebeugte Bein langsam aus der ersten in die zweite Position führen. Der Abstand zwischen Ferse und Oberschenkelrückseite verringert sich. Für die Ursache sind die zweigelenkigen Beinbeugemuskeln verantwortlich. Einige Kniebeuger ziehen auch über das Hüftgelenk, und ihnen fällt die Arbeit bei gestrecktem Hüftgelenk schwerer.

ob. 16

Der Zwillingswadenmuskel nimmt unter der Kniebeugemuskulatur eine besondere Stellung ein. Er ist zwar in erster Linie für das Abdrücken der Fußballen verantwortlich, z. B. beim Laufen und Springen, aber er besitzt auch Einfluss auf das Kniegelenk, da er sowohl über das Sprunggelenk des Fußes als auch über das Kniegelenk zieht. So kann er in geringem Ausmaß das Kniegelenk beugen, und gut trainiert, trägt er zur Stabilität des Kniegelenks bei.

Übung zum Test der Dehnfähigkeit der Kniebeugemuskulatur

- Legen Sie sich auf den Rücken, die Beine sind gestreckt. Zur Entlastung der Lendenwirbelsäule unterlegen Sie ein zusammengerolltes Handtuch. Heben Sie ein Bein gebeugt an, bis der Oberschenkel senkrecht ist und fixieren Sie diese Position mit den Händen an der Oberschenkelrückseite. Der Winkel zwischen Oberkörper und Bein beträgt 90 Grad. Strecken Sie nun das Kniegelenk (Abb. 17). Bei intaktem Kniegelenk und gut gedehnter Beugemuskulatur sollten Sie das Bein vollständig strecken können.

Folgende Muskeln sind für die Beugung des Kniegelenks verantwortlich (Abb. 18):

- zweiköpfiger Schenkelmuskel
- Halbsehnenmuskel
- Plattsehnenmuskel
- Schneidermuskel
- Kniekehlenmuskel
- Zwillingswadenmuskel

Abb. 17

Abb. 18
Position der Beugemuskulatur des Kniegelenks

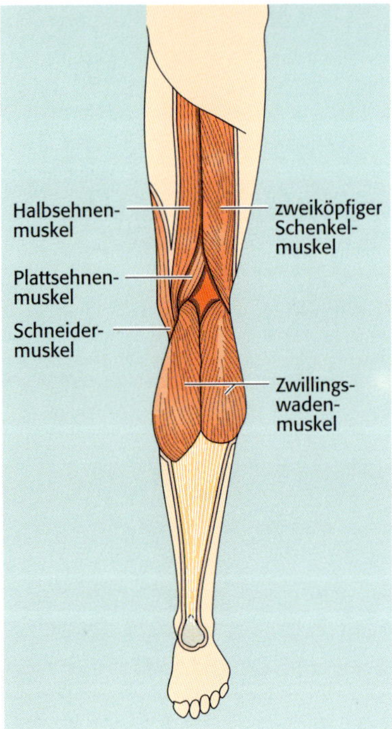

Wissenswertes zur Streckmuskulatur

Für die aktive Streckung des Kniegelenks sind in erster Linie die Muskeln der Oberschenkelvorderseite zuständig. Sie strecken das Knie beim Aufstehen aus dem Sitz, beim Gehen, Springen oder Laufen. Beugt man andererseits im Stehen die Beine, wird der Muskel sofort angespannt, um ein weiteres Einknicken zu verhindern. Diese Arbeitsweisen übernimmt hauptsächlich der vierköpfige Schenkelstrecker, der größte und kräftigste Muskel des menschlichen Körpers. Seine Leistungsfähigkeit ist um das Dreifache höher als die der Beugemuskulatur auf der Oberschenkelrückseite. In der Sehne des Schenkelstreckers befindet sich die Kniescheibe. Das Kräfteverhältnis vom inneren zum äußeren Anteil dieses Kniestreckmuskels entscheidet über die optimale Position der Kniescheibe. Überwiegt die Zugkraft des äußeren Anteils deutlich, kann die Kniescheibe nach außen verlagert werden und aus ihrer Führung herausspringen. Diese Gefahr reduziert sich durch ein gezieltes Training des inneren Anteils.

Übung zum Test der Dehnfähigkeit des vierköpfigen Schenkelstreckers

- Setzen Sie sich seitlich auf einen Stuhl und fassen Sie das gebeugte Bein am Fußgelenk bzw. Unterschenkel.

b. 19

Ihr Körper sollte vom Kopf bis zum Knie eine Linie bilden. Versuchen Sie nun durch leichten Zug den Fuß in Richtung Gesäß zu bringen. Mit einem intakten Knie und ausreichender Dehnfähigkeit der Oberschenkelvorderseite kann ein Mindestabstand von ca. 5 Zentimeter zwischen Ferse und Oberschenkelrückseite erreicht werden (Abb. 19). Zum Schutz der Wirbelsäule sollten Sie ein Hohlkreuz im Bereich der Lendenwirbelsäule vermeiden.

Folgende Muskeln sind für die Streckung des Kniegelenks verantwortlich (Abb. 20):

- vierköpfiger Schenkelstrecker
- Schenkelbindenspanner

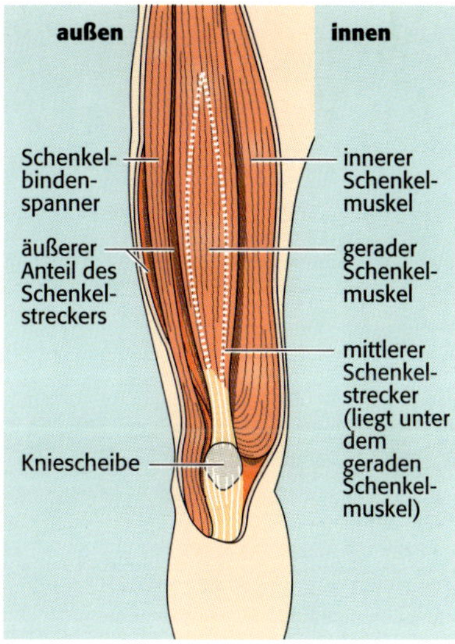

Abb. 20
Position der Kniegelenk-Streckmuskulatur

Wissenswertes zur Drehmuskulatur

Eine Drehbewegung des Kniegelenks ist bei gestrecktem Knie und intaktem Bandapparat nicht möglich. Die beiden Seitenbänder sind in dieser Position angespannt und verhindern eine Innen-

oder Außenrotation. Die Seitenbänder sind bei gebeugtem Kniegelenk weniger angespannt, und es ist eine begrenzte Drehbewegung möglich. Dreht der Unterschenkel gegen den Oberschenkel nach außen, wird diese Bewegung durch die wieder anspannenden Seitenbänder verhindert. Dreht der Unterschenkel gegen den Oberschenkel nach innen, wird diese Rotation in erster Linie durch die Kreuzbänder verhindert.

Der zweiköpfige Schenkelmuskel auf der Oberschenkelrückseite beugt das Bein und ist auch Außenrotator. Für die Innendrehung steht eine Vielzahl von Muskeln zur Verfügung:

- Halbsehnenmuskel
- Plattsehnenmuskel
- Kniekehlenmuskel
- Schneidermuskel
- schlanker Muskel

Übung zum Test der Drehbewegung des Kniegelenks

- Setzen Sie sich auf einen Tisch und lassen Sie die Unterschenkel senkrecht nach unten hängen. In der normalen

Abb. 21

Abb. 22

Stellung zeigen in dieser Position die Fußspitzen bereits leicht nach außen. Die Innenrotation sollte aus dieser Normalstellung um ca. 30 Grad und die Außenrotation um ca. 40 Grad möglich sein (Abb. 21, 22).

Von geraden, X- und O-Beinen

Es ist ohne großen Aufwand möglich, einmal nachzuschauen, wie die Beinachsen verlaufen. Bei gerader Beinstellung und gut entwickelter Beinmuskulatur berühren sich die Beine im Bereich des Oberschenkels, des Kniegelenks, an der kräftigsten Stelle der Wade und an den beiden Innenknöcheln. Wenn sich die Kniegelenke berühren und die Innenknöchel auseinander stehen, spricht man von X-Beinen. Wenn sich die Knöchel berühren und zwischen den Kniegelenken noch Platz ist, spricht man von O-Beinen.
Einen noch genaueren Aufschluss über die Beinachsen gibt die Betrachtung der Gelenkzentren. Die Zentren von Hüft-, Knie- und Sprunggelenk liegen bei geraden Beinen auf einer Linie.
Die Beinachse verläuft von oben nach unten leicht schräg nach innen, da die Distanz der beiden Hüftgelenke größer ist als die der Kniegelenke. Eine Abwei-

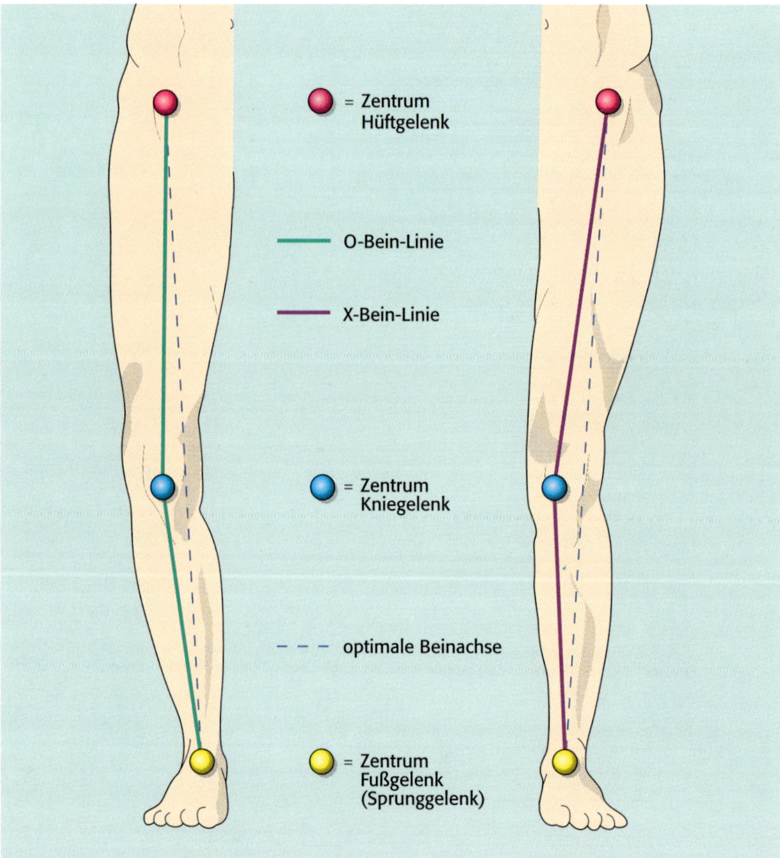

Abb. 23
Achsenabweichung bei X- bzw. O-Bein

chung ist, wenn im Stand die Belastungslinie nicht in der Mitte durch das Knie verläuft. Verläuft die Linie außen am Gelenkzentrum vorbei, ist dies ein X-Bein, und verläuft die Linie innen, ein O-Bein (Abb. 23).
Die Abweichung der Achse nach außen ist oft bei Frauen größer, da das Becken etwas breiter ist als bei Männern. Dies könnte eine stärkere Tendenz von X-Beinstellungen bei Frauen erklären. Das Kniegelenk ist mit der Geburt noch nicht vollständig entwickelt, was besonders deutlich an der Beinstellung zu sehen ist. Der Fuß eines Säuglings ist einwärts gedreht und nach innen oben angehoben. Die damit verbundene O-Beinstellung wird durch die Krümmung der Schienbeine und der nach außen gedrehten Oberschenkel verstärkt. Mit zunehmendem Alter verändert sich diese Beinposition. Der Fuß eines Kleinkindes wird beim Gehen und Laufen etwas gegeneinander verwrungen. Der Fuß nimmt eine so genannte Knick-Senk-Fußstellung ein, bei der die Fußinnenkante abgesenkt ist. Das Kniegelenk wandert hierdurch deutlich nach innen. Aus der ursprünglichen O-Beinstellung entwickelt sich bei vielen Kindern eine X-Beinstellung, etwa ab dem Ende des zweiten Lebensjahres. Diese Beinhaltung kann bis zum siebten Lebensjahr anhalten, sollte aber beobachtet werden. Mit zunehmendem Alter sollte sich eine gerade Beinform entwickeln, in der die Gelenkzentren auf einer Linie sind. Diese natürliche Entwicklung der Beinachse zeigt aber auch, wie groß der Einfluss der Fußform auf das Kniegelenk ist.

Achsenabweichungen im Kniegelenk sind nicht zu unterschätzen, da sie zahlreiche Probleme schaffen können. Da die Kraftübertragung im Gelenk nicht gleichmäßig verläuft, kann es z. B. zur Überlastung des Gelenkknorpels kommen und eine Arthrose entstehen. Bei einer X-Beinposition, dem so genannten Geru valgum, wird mehr der äußere Gelenkbereich belastet. Bei einer O-Beinposition, dem so genannten Geru varum, wird mehr der innere Gelenkbereich belastet.

Tipps für den Alltag

In der Knieschule werden Sie erfahren, wie Sie einige Belastungen des Alltags für das Knie möglichst gelenkschonend bewältigen können. Jeder Mensch führt die meisten Bewegungen im Laufe eines Tages ganz automatisch aus, d. h. ohne sich Gedanken zu machen, wie er sich eigentlich verhält. Haben Sie sich schon einmal überlegt, wie die Position des Kniegelenks ist, wenn Sie längere Zeit stehen, z. B. in der Warteschlange im Supermarkt? Wissen Sie, wie weit Sie die Knie beugen, wenn Sie aus dem Kühlschrank etwas zu essen holen? Jeder Mensch entwickelt eine eigene Haltung und seine individuellen Bewegungsabläufe. Doch ob diese Bewegungsmuster für das Knie problematisch sind, weiß man eigentlich nicht. Obwohl wir tagtäglich die gleiche Haltung und die gleichen Bewegungen wiederholen, nehmen wir unseren Körper und im speziellen unser Kniegelenk nur selten wahr. Das sollten Sie ändern und überprüfen.

Gehen Sie gedanklich einen normalen Tagesablauf durch. Gibt es Momente, die Sie abrufen können, in denen das Knie eine Rolle spielt, positiv oder negativ? Diese Situationen sollten Sie sich merken, besser noch notieren. Dann haben Sie die Möglichkeit, einmal zu vergleichen, ob sich durch die bewusste Vermeidung von knieschädlichen Bewegungsmustern und die Durchführung der gymnastischen Trainingsprogramme auch positive Auswirkungen für Ihren Alltag ergeben.

Richtig Stehen will gelernt sein

Versuchen Sie, langes Stehen zu vermeiden. Gönnen Sie Ihrem Kniegelenk Erholungspausen, in denen Sie sich setzen und dadurch die Gewichtsbelastung für Ihre Knie verringern. Vielleicht ist es auch möglich, dass Sie sich einen so genannten »Stehhocker« kaufen. Das ist nichts anderes als ein Hocker mit einem sehr hoch eingestellten Sitz, ähnlich einem Barhocker. Diesen kann man z. B. beim Bügeln oder bei der Küchenarbeit nutzen. Beim Stehen sollten Sie darauf achten, die Kniegelenke nicht nach hinten zu überstrecken. Besser ist eine Gelenkposition, in der das Kniegelenk gestreckt, aber eben nicht nach hinten durchgedrückt ist. Dann befinden sich Ober- und Unterschenkel näher am Lot. Trainieren Sie in dieser Position die Beinmuskulatur, und spannen Sie bewusst die Oberschenkelvorderseite an. Wenn möglich, beugen Sie hin und wieder etwas Ihre Knie. Sie trainieren damit ebenfalls die Beinmuskulatur und entlasten, sozusagen als Nebeneffekt, auch die Lendenwirbelsäule.

Wechseln Sie die Haltung beim Stehen, indem Sie einen Fuß hüftbreit und ungefähr eine Fußlänge vor den anderen Fuß aufsetzen. Verlagern Sie das Körpergewicht mal mehr auf das linke bzw. rechte Bein und spannen Sie bewusst hin und wieder die Bein- und Gesäßmuskulatur an. Stehen Sie also nicht immer mit der gleichen Beinposition, sondern praktizieren Sie ein dynamisches Stehen.

Schuhe können das kniefreundliche Stehen unterstützen. Aber Schuhe mit hohen Absätzen sollten Sie besser nicht tragen, denn sie verlagern das Körpergewicht auf den vorderen Teil des Fußes. Um nicht nach vorne umzufallen, müssen Sie die Kniegelenke leicht beugen. Über einen längeren Zeitraum hat das eine Reihe von negativen Auswirkungen auf das Kniegelenk. So erhöht sich z. B. der Druck, mit dem die Kniescheibe auf das Knie gedrückt wird, da die Oberschenkelvorderseite permanent angespannt ist. Zudem kann sich die Wadenmuskulatur verkürzen und die gesamte Beinstatik verändert sich. Die richtige Wahl der Schuhe ist entscheidend. Schuhe sollten eine gute Stützfunktion haben, Fußfehlstellungen absorbieren und Bodenunebenheiten ausgleichen. Sie sollen den Fuß beim Gehen und Laufen führen und gute Dämpfungseigenschaften besitzen, die z. B. beim Treppabgehen benötigt werden. Wer Sportarten wie z. B. Jogging und Walking ausüben möchte, sollte sich unbedingt im Sportfachhandel bei der Auswahl der Sportschuhe beraten lassen.

Heben und Tragen, aber kniefreundlich

Das Heben und Tragen von schweren Lasten belastet nicht nur die Wirbelsäule, sondern auch die Knie. Bis zu einem Kniebeugewinkel von ca. 100 Grad steigt die Belastung für das Knie immer höher an. Solche Kniewinkel kann man aber vermeiden, indem der Oberkörper beim Heben nach vorne geneigt wird. Achten Sie zum Schutz der Wirbelsäule darauf, dass Sie den Rücken gerade halten und keinen Rundrücken machen. Finden Sie heraus, welche Kombination aus möglicher Oberkörpervorneigung und nötiger Kniebeugung sich am angenehmsten

Abb. 24

durchführen lässt. Diesen Bewegungsablauf sollten Sie verinnerlichen und beim Heben von Gegenständen anwenden (Abb. 24, 25). Wer im Alltag regelmäßig gezwungen ist, Gegenstände zu heben, sollte zum Schutz der Knie unbedingt auf die Leistungsfähigkeit der Beinmuskulatur achten. Eine kräftige und dehnbare Beinmuskulatur ist in der Lage, das Kniegelenk zu stabilisieren und zu entlasten.

Abb. 25

Einseitiges Tragen, z. B. Einkaufstüten nur in einer Hand, belastet den Körper sehr unterschiedlich und ist leicht zu vermeiden. Verteilen Sie einfach das Gewicht auf beide Hände. Tragen Sie Gegenstände wie z. B. einen Getränkekasten nicht mit einer Hand, sondern beidhändig und möglichst nah am Körper. Drücken Sie die Knie nicht nach hinten durch, und vermeiden Sie beim Anheben und Absetzen Kniewinkel von 90 Grad und mehr. Inzwischen gibt es auch Getränkekästen, die in der Mitte teilbar sind; so können Sie die Last noch gleichmäßiger auf beide Beine verteilen.

Auch Übergewicht, also ein zu hohes Körpergewicht, belastet das Knie. Durch den ständig erhöhten Druck auf das Knie kann der Gelenkknorpel in Mitleidenschaft gezogen werden. Wenn Sie bereits unter Schmerzen im Kniegelenk leiden, kann unter Umständen bereits die Verringerung des Körpergewichts sehr hilfreich sein.

Beim Aufheben von leichten Gegenständen bevorzugen viele Menschen die Schrittposition. Dabei werden die Füße hüftbreit und um eine Fußlänge voreinander aufgestellt. Wenn Sie sich beim Bücken mit einer Hand auf der vorderen Oberschenkelvorderseite abstützen, entlasten Sie das hintere Knie, belasten aber gleichzeitig das vordere Bein stärker. Zumindest haben Sie hiermit die Möglichkeit, ein Knie stärker zu entlasten. Besser wäre es noch, sich mit den Händen an einem Möbelstück, z. B. einer Tischkante oder einem Stuhl, abzustützen.

Sitzen, Setzen und Sitzgelegenheiten

Sitzen entlastet das Kniegelenk, da die Beine nicht das gesamte Körpergewicht zu tragen haben. Beim Sitzen, z. B. im Büro oder bei der Durchführung der Gymnastikübungen, sollten Sie darauf achten, dass die Sitzfläche mindestens in Kniehöhe eingestellt ist (Abb. 26). Dadurch wird der Kniewinkel größer, das Knie wird entlastet und auch das Hin- und Aufsetzen fällt leichter. Zum kniefreundlichen Aufstehen aus dem

Abb. 26

Sitzen stellen Sie die Füße unter die Kniegelenke. Anschließend verlagern Sie Ihren Oberkörper nach vorne. Zusätzlich sollten Sie sich beim Hin- und Aufsetzen so lange wie möglich mit den Händen abstützen, z. B. auf den Stuhllehnen oder an einem Tisch (Abb. 27, 28). So entlasten Sie die Knie, da Sie das Körpergewicht zum Teil mit den Armen abfangen. Schuhe an- und auszuziehen ist für viele Menschen ein Problem: Wenn im Stehen z. B. ein Bein auf einen Hocker gestellt wird, hat das Standbein nun die größere Körperlast zu tragen. Oder man bückt sich mit gestreckten Kniegelenken zu den Füßen und überfordert damit die Wirbelsäule. Das Schuhanziehen ist für viele Men-

Abb. 27

Abb. 2

schen im Sitzen einfacher. Heben Sie den Fuß zum Schuhbinden an und, wenn möglich, stellen Sie ihn auf einen Hocker oder auf die Stuhlkante. Manche Menschen bevorzugen zum Schuhanziehen im Sitzen, die Beine übereinander zu schlagen. Das erfordert aber eine gute Hüftgelenkbeweglichkeit und schlanke Beine. Probieren Sie die verschiedenen Möglichkeiten aus und wählen Sie diejenige aus, die Sie persönlich am kniefreundlichsten empfinden (Abb. 29, 30).
Durch das richtige Einsteigen bzw. Setzen in das Auto kann das Kniegelenk geschont werden. Die meisten Menschen öffnen die Autotür, heben ein Bein an und steigen mit diesem

Abb. 29

Abb. 30

Die 8 Killer, die dem Knie schaden

1.

Langes Stehen und Gehen belastet das Kniegelenk. Nehmen Sie sich regelmäßig Entlastungspausen, in denen Sie sich setzen, oder benützen Sie einen Stehhocker.

2.

Ein hohes Körpergewicht belastet nicht nur das Herz-Kreislauf-System und Ihren Rücken, sondern auch die Kniegelenke.

3.

Tragen Sie keine Schuhe mit hohen Absätzen, lassen Sie sich im Fachhandel beraten und wählen Sie Schuhe, die das Kniegelenk unterstützen, sowohl im Sport als auch im Alltag.

4.

Vermeiden Sie kniebelastende Bewegungen wie z. B. das Heben schwerer Gegenstände oder das einbeinige Einsteigen in das Auto.

5.

Vermeiden Sie im Alltag und im Sport extreme Bewegungen, die eine starke oder schnelle Kniebeugung provozieren, wie Sie beim Gewichtheben vorkommt.

6.

Vermeiden Sie eine plötzliche Streckung des Kniegelenks, wie sie z. B. beim Torschuss im Fußballspiel vorkommen kann.

7.

Vermeiden Sie Bewegungen, bei denen Ober- und Unterschenkel gegeneinander verdreht werden. Darauf sollten Sie besonders achten, wenn Sie z. B. alpin Ski fahren, Squash oder Tennis spielen.

8.

Vermeiden Sie abrupte Seitwärtsbewegungen mit schnellen Richtungswechseln. Darauf sollten Sie besonders achten, wenn Sie Ballsportarten wie Handball oder Fußball spielen.

Die 8 Knüller, die dem Knie gut tun

1.

Bewegen Sie sich und Ihre Knie ausreichend. Achten Sie dabei darauf, das Knie nicht zu überlasten.

2.

Wählen Sie Sportarten, die das Kniegelenk nicht zu stark fordern: Kraul- und Rückenschwimmen, Aqua-Aerobic, Radfahren oder Ergometertraining, Wandern und Skiwandern auf ebener Strecke.

3.

Trainieren Sie die Kniegelenke regelmäßig durch gezielte Gymnastik. Übertreiben Sie am Anfang nicht, denn Gelenk und Muskulatur brauchen Zeit, um sich an das Training zu gewöhnen.

4.

Mobilisieren Sie mit Gymnastikübungen Ihr Kniegelenk: Das Knie wird beweglich und Sie bleiben aktiv.

5.

Stabilisieren Sie mit Gymnastikübungen Ihr Kniegelenk: Das Knie wird muskulär gestärkt und sicherer.

6.

Benützen Sie beim Sport und im Alltag Hilfsmittel, die das Kniegelenk entlasten. Walken und wandern Sie mit Stöcken oder stützen Sie sich beim Hinsetzen auf einen Stuhl auf den Armlehnen ab.

7.

Nehmen Sie Ihre Knie bewusst wahr und finden Sie heraus, was ihnen gut tut. Informieren Sie sich über den Aufbau und die Funktion des Kniegelenks.

8.

Entlasten Sie Ihr Kniegelenk in alltäglichen Situationen und verharren Sie nicht immer in der gleichen Körperposition.

Bein ein. Der Bewegungsablauf ist für das Kniegelenk des Standbeines, das in diesem Moment das gesamte Körpergewicht trägt, ziemlich belastend. Es muss relativ stark gebeugt werden und knickt gleichzeitig nach innen ein. Ähnlich verläuft der Bewegungsablauf auch beim Aussteigen, eben nur umgekehrt. Besser ist es, beim Ein- und Aussteigen beide Beine zum Tragen des Körpergewichts einzusetzen und ein Verdrehen des Kniegelenks zu vermeiden.
Einsteigen in das Auto funktioniert am kniefreundlichsten, wenn Sie es durchführen wie beim Hinsetzen auf einen Stuhl, nur eben von der Seite. Drehen Sie sich mit dem Rücken zum Autositz, beugen Sie gleichzeitig beide Beine und verlagern Sie den Oberkörper etwas nach vorne. Wenn nötig und möglich, stützen Sie sich an der Tür ab. Erst wenn Sie auf dem Sitz Platz genommen haben, drehen Sie sich um 90 Grad in die Fahrtrichtung, indem Sie Ihre Beine anheben und im Fußraum wieder abstellen.
Das Aussteigen geschieht genauso, nur in umgekehrter Reihenfolge. Diese kniefreundliche Art des Ein- und Aussteigens in das Auto schont auch den Rücken.

Gehen und Laufen

Die dynamische Belastung beim Gehen und Laufen ist für das Kniegelenk höher als beim Stehen und Sitzen. Die Beine müssen, zeitweise sogar nur ein Bein, das gesamte Körpergewicht tragen. Jeder Mensch entwickelt aufgrund seiner speziellen Körperbaumerkmale, der notwendigen Anpassung an die Umgebung und seinen eigenen Stimmungen ganz individuelle Geh- und Laufmuster.

Beim Gehen setzen Sie den vorderen Fuß mit der Außenkante der Ferse auf und rollen anschließend über den Mittelfuß nach vorne ab. Achten Sie darauf, dass Sie beim Aufsetzten des Fußes das Kniegelenk nicht durchdrücken bzw. überstrecken. Vermeiden Sie beim Gehen und Laufen eine starke einwärts- oder auswärtsgedrehte Fußposition. Die Fußabdrücke sollten beim Laufen in die Laufrichtung zeigen. Nutzen Sie beim Treppauf- und -abgehen Stützhilfen wie das Treppengeländer. Falls Sie beim Treppensteigen das Gefühl haben, das Knie fühlt sich instabil oder »weich« an, setzten Sie die Fußspitze etwas nach außen auf. Das stabilisiert etwas das Kniegelenk, und denken Sie daran: Gute Schuhe entlasten und stabilisieren das Kniegelenk. Lassen Sie sich im Fachhandel beraten.

Training – aber richtig

Die Übungsprogramme dieser neuen Knieschule sind ein gesundheitsförderndes Bewegungsangebot, das darauf abzielt, die Belastbarkeit Ihres Kniegelenkes zu erhalten und zu steigern. Haben Sie sich in letzter Zeit relativ wenig regelmäßig sportlich betätigt, dann beginnen Sie mit dem ersten Programm, denn alle Übungen bauen aufeinander auf und werden zunehmend anspruchsvoller. Führen Sie jedes einzelne Programm insgesamt 10 Trainingstage durch, bevor Sie zum nächsten Programm wechseln. Bei täglichem Training reichen die Programme etwa für drei Monate. Trainieren Sie dreimal in der Woche, zunächst für ein halbes Jahr. Anschließend ist die Muskulatur so gut aktiviert, dass Sie sich aus den Übungen eigene Programme zusammenstellen können. Beachten Sie lediglich die Ausgewogenheit von Dehn- und Kräftigungsübungen und favorisieren Sie die Übungen, die Ihnen gut tun und die Sie mit Freude durchführen.
Die ersten vier Programme beginnen immer in Rückenlage. Dabei sollen Sie mit den Beinen eine Radfahrbewegung nachahmen. Erhalten Sie diese ersten Übungsvarianten grundsätzlich als Einstiegsübung, auch bei der Durchführung späterer Programme. So bereiten Sie das Kniegelenk auf die Kräftigungs- und Dehnübungen vor. Wenn möglich, wärmen Sie sich etwas vor der Durchführung der Programme auf, eventuell auch zu Musik. Laufen und springen Sie aber bitte nicht auf der Stelle, gehen Sie lieber und steigern Sie dabei allmählich das Tempo. Zumindest ist das »Beinkreisen« in Rückenlage als Übungseinstieg stets den Kräftigungs- und Dehnübungen voranzustellen.
Das zehnte Programm ist etwas Besonderes. Hier wird ein elastisches Band vorgestellt, mit dem Sie hervorragend die Muskelkraft der Beine trainieren können. Dieses Band erhalten Sie im Fachhandel. Zur richtigen Anwendung und Pflege des Bandes lesen Sie bitte die Hinweise, die in der Verpackung beiliegen.
Versuchen Sie, die Übungen so durchzuführen, wie sie im Text beschrieben sind. Wenn es möglich ist, kontrollieren Sie den Bewegungsablauf im Spiegel und führen Sie die Übungen immer beidseitig aus.
Viele Übungen im Liegen und Sitzen können Sie barfuß oder mit Socken durchführen. Bei den Übungen im Stehen sollten Sie jedoch Sportschuhe tragen, da die Belastung auf das Knie größer ist als in den anderen Positionen. Gute Schuhe können dabei helfen, den Fuß zu stabilisieren, und sie verbessern damit auch die gesamte Beinstatik.

Infos und Tipps zu den Kräftigungsübungen

- Die Muskelkraft ist eine der wichtigen Einflussfaktoren für leistungsfähige Kniegelenke. Durch Training kann die Muskelkraft gesteigert werden, und das in jedem Alter. Dabei ist wichtig, dass die Beinmuskulatur ausgewogen kräftig ist; z. B. sollte kein Ungleichgewicht zwischen Beuge- und Streckmuskulatur vorhanden sein.

- Kräftige Beinmuskulatur kann das Kniegelenk entlasten und stabilisieren. Dabei kommt es nicht nur darauf an, dass der Muskel stärker wird, sondern er sollte auch qualitativ kräftiger sein, d. h. leistungsfähiger.

- Atmen Sie bei der Durchführung der Kräftigungsübungen regelmäßig und ruhig weiter, und vermeiden Sie, die Luft anzuhalten. Atmen Sie in der Hauptbelastungsphase aus, also wenn Sie sich angestrengt fühlen, und in der erholsameren Übungsphase wieder ein.

- Achten Sie darauf, dass bei den Kräftigungsübungen keine Schmerzen auftreten. Bei Beschwerden brechen Sie die Übung sofort ab. Kontrollieren Sie, ob Sie die Übung richtig durchgeführt haben. Wiederholen Sie die Übung, und treten erneut Schmerzen auf, fragen Sie Ihren Arzt nach der möglichen Ursache.

- Haben Sie sich in letzter Zeit relativ wenig regelmäßig sportlich betätigt, führen Sie die Kräftigungsübungen zwischen 4- bis 6-mal durch. Falls die Übung nur ein Bein betrifft, wechseln Sie dann zur anderen Seite. Anschließend machen Sie eine kleine Pause und wiederholen die Übung. Fortgeschrittene und sportlich Aktive können, je nach Fitness, die Übungen auch 7- bis 15-mal und pro Seite bis zu 5 Serien durchführen. Hören Sie auf Ihren Körper und beachten Sie auch Ihre jeweilige Tagesform.

- Führen Sie die Kräftigungsübungen langsam und geschmeidig durch; vermeiden Sie ruckhafte und abrupte Bewegungen. Wenn Sie spüren, dass die Übung nicht mehr korrekt durchgeführt wird, waren es bereits zu viele Wiederholungen.

- Nehmen Sie sich für jede Übung ausreichend Zeit, und fangen Sie nicht an zu hetzen. Langsam und kontrolliert durchgeführte Übungen sind kniefreundlicher.

Infos und Tipps zu den Lockerungs- und Dehnübungen

- Gut gedehnte und lockere Muskulatur ist leistungsfähiger und weniger verletzungsanfällig. Mit Dehn- und Lockerungsübungen können Sie einer verkürzten Beinmuskulatur vorbeugen. Diese Verkürzungen können zu Problemen der gesamten Körperhaltung führen.

- Atmen Sie bei der Durchführung der Dehn- und Lockerungsübungen regelmäßig und ruhig weiter, und vermeiden Sie, die Luft anzuhalten.

- Achten Sie darauf, dass bei den Dehnübungen keine Schmerzen auftreten. Bei Beschwerden brechen Sie die Übung ab. Kontrollieren Sie die richtige Ausführung der Bewegung, wie sie im Text beschrieben ist. Treten bei Wiederholung erneut Schmerzen auf, fragen Sie Ihren Arzt nach der möglichen Ursache. Verwechseln Sie aber Schmerzen nicht mit einem leichten Ziehen. Nehmen Sie ein leichtes Ziehen in der Muskulatur wahr, brauchen Sie die Übung natürlich nicht abzubrechen.

- Führen Sie die Dehnübungen langsam und geschmeidig durch, vermeiden Sie ruckhafte und abrupte Bewegungen.

- Nehmen Sie sich für jede Übung ausreichend Zeit, und fangen Sie nicht an zu hetzen. Langsam und kontrolliert durchgeführte Übungen sind kniefreundlicher.

- Haben Sie sich in letzter Zeit relativ wenig regelmäßig sportlich betätigt, begeben Sie sich langsam in die gewünschte Dehnposition und halten diese zwischen 8 und 12 Sekunden. Falls die Übung nur ein Bein betrifft, wechseln Sie dann zur anderen Seite. Anschließend machen Sie eine kleine Pause und wiederholen die Übung. Fortgeschrittene und sportlich Aktive können die Übungen auch 15 bis 30 Sekunden und pro Seite bis zu 3 Serien durchführen.
  Als Variante ist es auch möglich, die Dehnübung langsam und leicht bewegt auszuführen.
  Begeben Sie sich hierzu in die Position, kurz bevor ein Spannungsgefühl im Muskel entsteht, und verringern Sie durch kleine langsame Bewegungen die Stärke des Spannung.
  Da diese Form der Dehnung eine gute Körperwahrnehmung erfordert, sollten Sie damit erst dann beginnen, wenn Sie mindestens 3 Monate regelmäßig die Programme absolviert haben.

Trainingsmöglichkeiten auf einen Blick

Ziele für das Knie	Wiederholungen je Übung	Durchgänge	Ausführung
stark und stabil durch Kraftübung	4 bis 6 für Einsteiger 7 bis 12 für Fortgeschrittene 12 bis 15 für Profis	2 für Einsteiger 3 für Fortgeschrittene 3 bis 5 für Profis	langsam langsam langsam
flexibel und mobil durch Dehnübungen	8 bis 12 Sek. für Einsteiger 15 bis 30 Sek. für Profis	2 für Einsteiger 3 für Profis	gehalten gehalten oder langsam geführt

Übungsprogramme für das Knie

1. Übungsprogramm

1. Übung:

Diese Übung mobilisiert Ihre Kniegelenke und bereitet Sie auf die Kräftigungs- und Dehnübungen vor.

- Legen Sie sich auf den Rücken. Die Arme liegen seitlich neben dem Oberkörper, die Beine sind gebeugt auf dem Boden aufgestellt. Zur Stabilisation des Rückens können Sie ein zusammengerolltes Handtuch zwischen Lendenwirbelsäule und Boden legen. Anschließend heben Sie ein Bein vom Boden ab und führen damit eine Bewegung aus, wie Sie es vom Radfahren her kennen (Abb. 31). Strecken Sie das Kniegelenk nie ganz durch. Achten Sie darauf, dass die Lendenwirbelsäule nicht in ein Hohlkreuz ausweicht. Denken Sie daran, diese Übung auch mit dem anderen Bein auszuführen.

Abb. 3

2. Übung:

Diese Übung kräftigt gleichzeitig die Oberschenkel-, Gesäß- und tiefe Rückenmuskulatur der Lendenwirbelsäule.

- Legen Sie sich auf den Rücken. Die Arme liegen seitlich neben dem Oberkörper, die Beine sind gebeugt und die Füße hüftbreit auseinander aufgestellt. Achten Sie darauf, daß die Knie genauso weit auseinander stehen wie die Füße. Zur Stabilisation des Rückens können Sie ein zusammengerolltes Handtuch zwischen Lendenwirbelsäule und Boden legen. Anschließend heben Sie den Rumpf vom Boden ab, bis Sie von den Schultern bis zu den Knien eine Linie bilden (Abb. 32). Heben Sie das Becken nur so hoch an, dass Sie nicht in ein Hohlkreuz kommen. Nun senken Sie den Rumpf wieder zurück zur Ausgangsposition und wiederholen den beschriebenen Bewegungsablauf.

›b. 32

3. Übung:

Diese Übung kräftigt gleichzeitig die Muskulatur der Oberschenkelvorderseite, die das Kniegelenk streckt, und die vordere Schienbeinmuskulatur, die den Fuß anhebt.

- Setzen Sie sich mit aufrechtem Oberkörper auf einen Stuhl. Die Beine beugen Sie so weit, dass in Knie- und Hüftgelenk ein 90-Grad-Winkel entsteht. Heben Sie nun ein Bein etwas an. Fassen Sie es zur Entlastung mit beiden Händen seitlich am Oberschenkel. Die Fußspitze des angehobenen Beines ziehen Sie aktiv nach oben, dabei zeigt sie nach vorne (Abb. 33). Anschließend strecken Sie das angehobene Bein im Kniegelenk. Strecken Sie jedoch das Knie nicht völlig durch, sondern beenden Sie die Streckbewegung kurz bevor der Unterschenkel die Waagrechte erreicht. Strecken Sie das Kniegelenk auch nur so weit, wie Sie den Rücken gerade halten können. Die Fußspitze wird bei der gesamten Bewegung in Richtung Knie gezogen (Abb. 34). Nun beugen Sie das Bein im Kniegelenk wieder zurück zur Ausgangsposition und wiederholen den beschriebenen Bewegungsablauf. Denken Sie daran, diese Übung auch mit dem anderen Bein entsprechend auszuführen.

Abb. 33

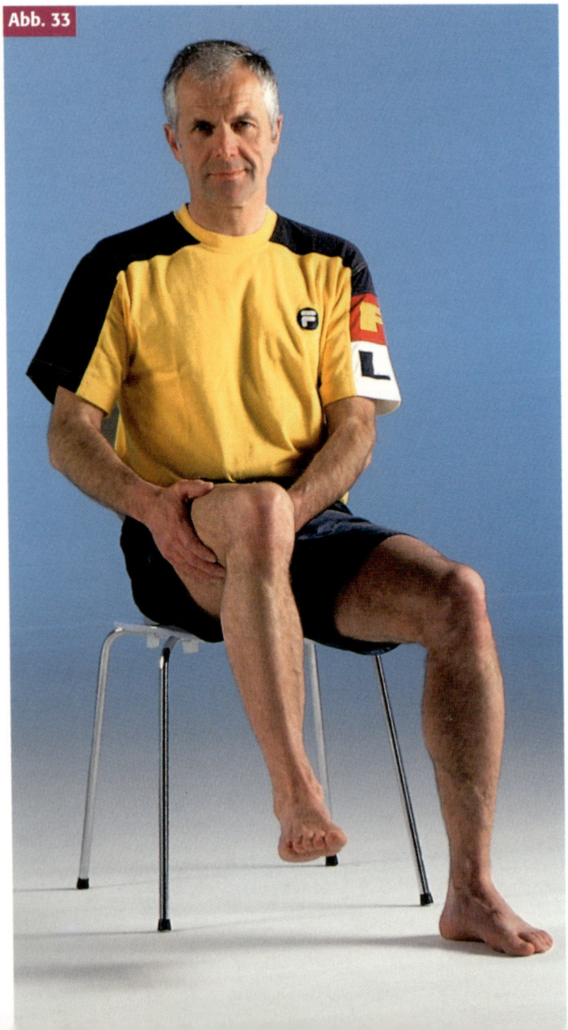

Abb. 34

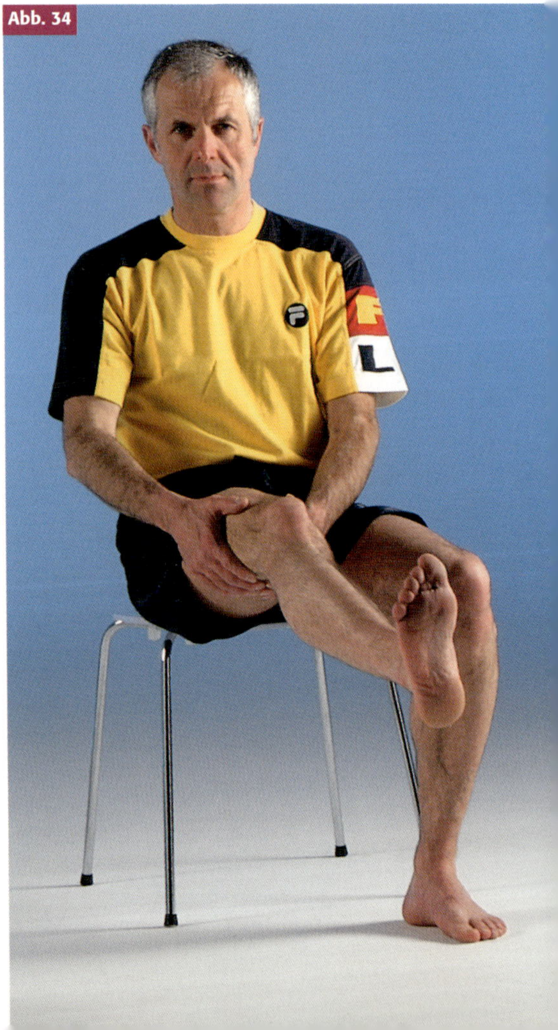

4. Übung:

Diese Übung dehnt gleichzeitig die Oberschenkelrückseite, die das Kniegelenk beugt, und die Wadenmuskulatur, die den Fuß nach unten drückt.

- Legen Sie sich auf den Rücken mit dem Gesäß nah an eine Wand. Die Arme liegen seitlich neben dem Oberkörper, die Beine sind gebeugt und die Füße hüftbreit auseinander aufgestellt. Achten Sie darauf, dass die Knie genauso weit auseinander sind wie die Füße. Zur Stabilisation des Rückens können Sie ein zusammengerolltes Handtuch zwischen Lendenwirbelsäule und Boden legen. Anschließend strecken Sie ein Bein, die Ferse berührt die Wand (Abb. 35). Überstrecken Sie das Kniegelenk nicht. Bewegen Sie nun den Fuß langsam zum Knie des gestreckten Beines, bis Sie ein leichtes Ziehen auf der Oberschenkelrückseite spüren (Abb. 36). Danach schieben Sie den Fuß langsam wieder zurück zur Ausgangsposition und wiederholen den beschriebenen Bewegungsablauf. Denken Sie daran, diese Übung auch mit dem anderen Bein entsprechend auszuführen.

Abb. 35

Abb. 36

2. Übungsprogramm

1. Übung:

Diese Übung mobilisiert die Kniegelenke und bereitet Sie auf die Kräftigungs- und Dehnübungen vor.

- Legen Sie sich auf den Rücken. Die Arme liegen seitlich neben dem Oberkörper und die Beine sind gebeugt auf dem Boden aufgestellt. Zur Stabilisation des Rückens können Sie ein zusammengerolltes Handtuch zwischen Lendenwirbelsäule und Boden legen.

Anschließend heben Sie die gebeugten Beine vom Boden ab und führen damit eine Bewegung aus, wie Sie es vom Radfahren her kennen (Abb. 37).

Strecken Sie die Kniegelenke jedoch nie ganz durch.

Achten Sie bei dieser Übung darauf, dass die Lendenwirbelsäule nicht in ein Hohlkreuz ausweicht.

Abb. 37

2. Übung:

Diese Übung kräftigt die Muskulatur der Oberschenkelinnenseite, die die Beine zusammenführt.

- Legen Sie sich auf die Seite und legen Sie das obere Bein gebeugt vor dem Körper ab. Der obere Arm stabilisiert den Rumpf, indem Sie sich mit der Hand auf dem Boden abstützen. Den Kopf können Sie auf dem unteren Arm oder auf einem Kissen ablegen.

Anschließend heben Sie das fast gestreckte untere Bein einige Zentimeter vom Boden ab. Achten Sie zum Schutz der Wirbelsäule darauf, dass Sie vom Kopf bis zum Fuß des unteren Beines eine Linie bilden und verwringen Sie nicht die Wirbelsäule. Heben Sie das Bein nur so hoch an, dass Sie nicht mit dem Becken nach hinten ausweichen. Die Fußspitze des unteren Beines zeigt bei der gesamten Bewegung nach vorne (Abb. 38). Nun senken Sie das

Bein wieder zurück zur Ausgangsposition und wiederholen den beschriebenen Bewegungsablauf. Denken Sie daran, diese Übung auch mit dem anderen Bein auszuführen.

Abb. 3

3. Übung:

Diese Übung kräftigt gleichzeitig die Muskulatur der Oberschenkelvorderseite, die das Kniegelenk streckt, und die Wadenmuskulatur, die den Fuß nach unten drückt.

- Setzen Sie sich mit aufrechtem Oberkörper auf einen Stuhl. Die Beine beugen Sie weit, dass in Knie- und Hüftgelenk ein 90-Grad-Winkel entsteht. Heben Sie nun ein Bein etwas an. Fassen Sie dieses Bein zur Entlastung mit beiden Händen seitlich am Oberschenkel. Die Fußspitze des angehobenen Beines ziehen Sie aktiv nach oben, dabei zeigt sie nach vorne (Abb. 39). Anschließend strecken Sie das angehobene Bein im Kniegelenk. Strecken Sie jedoch das Knie nicht völlig durch, sondern beenden Sie die Streckbewegung kurz bevor der Unterschenkel die Waagrechte erreicht. Bewegen Sie den Fuß so, dass die Fußspitze bei fast gestrecktem Kniegelenk nach vorne zeigt (Abb. 40). Strecken Sie das Kniegelenk auch nur so weit, dass Sie den Rücken gerade halten können. Nun beugen Sie das Bein im Kniegelenk wieder zurück zur Ausgangsposition und wiederholen den beschriebenen Bewegungsablauf. Denken Sie daran, diese Übung auch mit dem anderen Bein auszuführen.

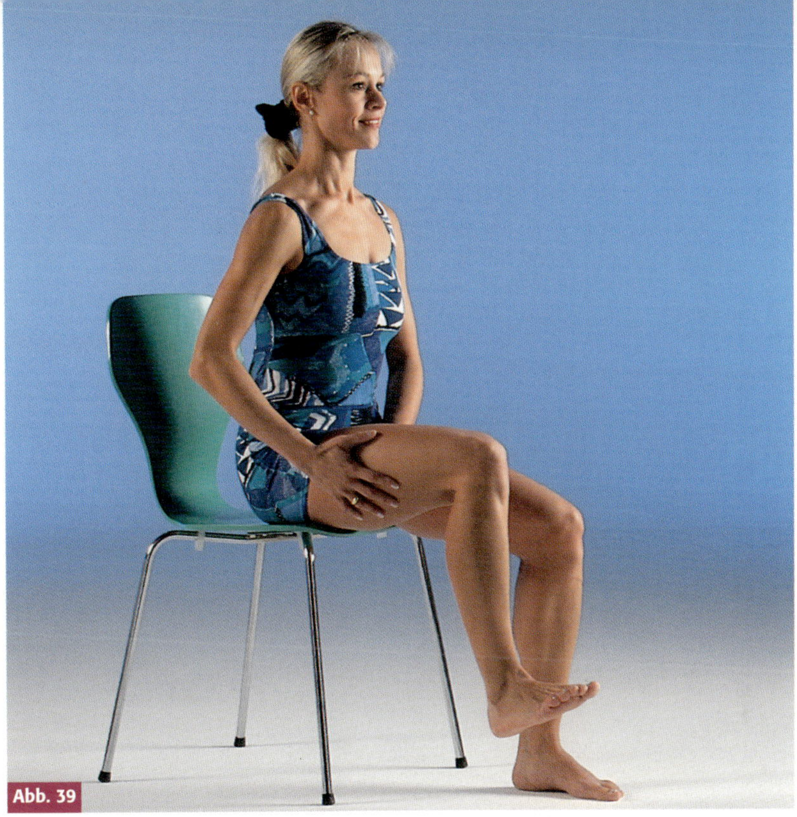
Abb. 39

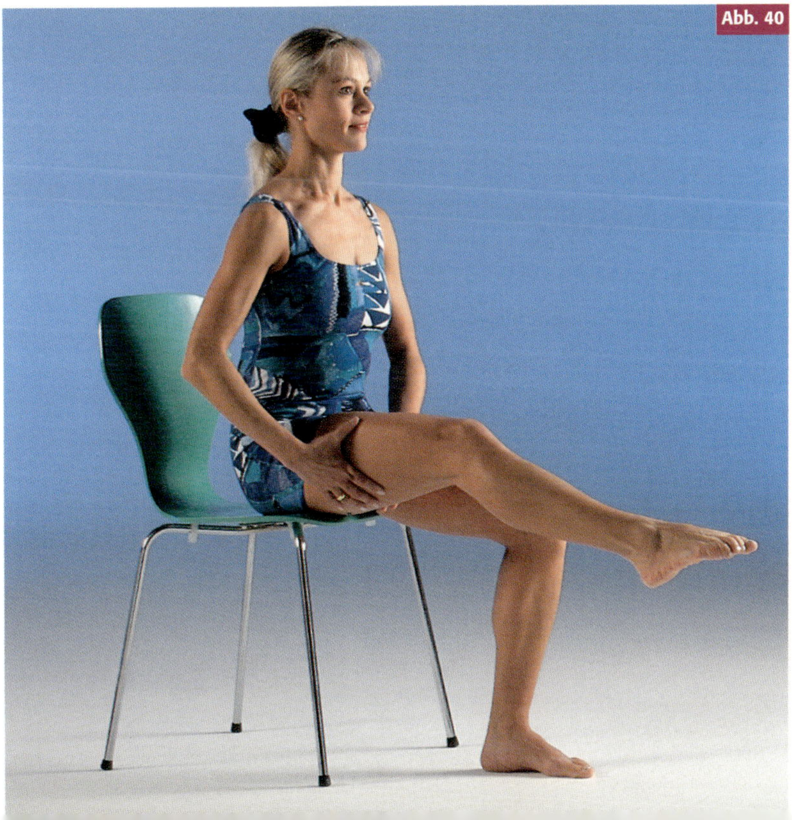
Abb. 40

4. Übung:

Diese Übung dehnt die Oberschenkelinnenseite, die die Beine zusammenführt.

- Legen Sie sich auf den Rücken, die Beine sind im Kniegelenk gebeugt und die Füße stehen eng zusammen auf dem Boden. Zur Stabilisation des Rückens können Sie ein zusammengerolltes Handtuch zwischen Lendenwirbelsäule und Boden legen. Anschließend legen Sie die Hände auf die Oberschenkelinnenseite und drücken die Beine nach außen, bis Sie ein leichtes Ziehen in der Oberschenkelinnenseite spüren (Abb. 41, 42).

Achten Sie darauf, dass die Lendenwirbelsäule nicht in ein Hohlkreuz ausweicht.

Abb. 41

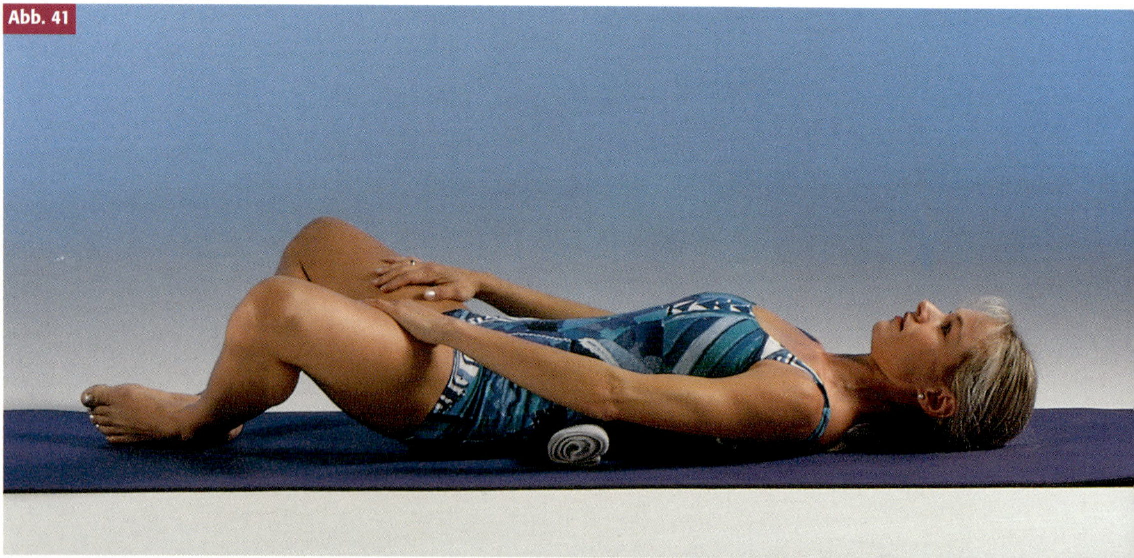

Abb. 42

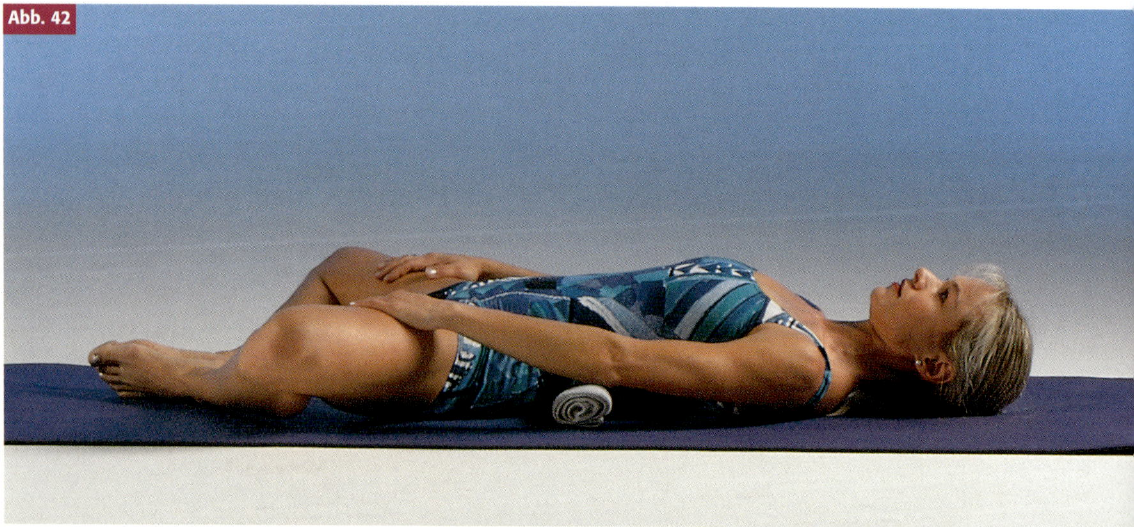

3. Übungsprogramm

1. Übung:

Diese Übung mobilisiert die Kniegelenke und bereitet Sie auf die Kräftigungs- und Dehnübungen vor.

- Legen Sie sich auf den Rücken. Die Arme liegen seitlich neben dem Oberkörper und die Beine sind gebeugt auf dem Boden aufgestellt. Zur Stabilisation des Rückens können Sie ein zusammengerolltes Handtuch zwischen Lendenwirbelsäule und Boden legen. Anschließend heben Sie ein Bein vom Boden ab und führen damit eine Bewegung aus, die Sie vom Radfahren her kennen, nur eben rückwärts (Abb. 43). Strecken Sie das Kniegelenk nie ganz durch. Achten Sie darauf, dass die Lendenwirbelsäule nicht in ein Hohlkreuz ausweicht. Denken Sie daran, diese Übung auch mit dem anderen Bein auszuführen.

2. Übung:

Diese Übung kräftigt gleichzeitig die Fuß-, Waden-, Oberschenkel-, Gesäß- und Rückenmuskulatur.

- Legen Sie sich auf den Rücken. Die Arme liegen seitlich neben dem Oberkörper, die Beine sind gebeugt und die Füße hüftbreit auseinander aufgestellt. Achten Sie darauf, dass die Knie genauso weit auseinander stehen wie die Füße. Zur Stabilisation des Rückens können Sie ein zusammengerolltes Handtuch zwischen Lendenwirbelsäule und Boden legen. Anschließend heben Sie den Rumpf vom Boden ab, bis Sie von den Schultern bis zu den Knien eine Linie bilden. Bei dieser Bewegung heben Sie zusätzlich die Fersen einige Zentimeter mit ab (Abb. 44). Achten Sie darauf, dass die Fußgelenke nicht nach innen oder außen ausweichen. Heben Sie das Becken nur so hoch an, dass Sie nicht in ein Hohlkreuz kommen. Nun senken Sie Rumpf und

b. 43

Fersen wieder zurück zur Ausgangsposition und wiederholen den beschriebenen Bewegungsablauf.

Abb. 44

3. Übung:

Diese Übung kräftigt gleichzeitig die Muskulatur der Oberschenkelvorderseite, welche das Kniegelenk streckt, die vordere Schienbeinmuskulatur, welche den Fuß anhebt und die Drehmuskulatur, welche das Kniegelenk nach außen rotiert.

- Setzen Sie sich mit aufrechtem Oberkörper auf einen Stuhl. Die Beine beugen Sie so weit, dass in Knie- und Hüftgelenk ein 90-Grad-Winkel entsteht. Heben Sie nun ein Bein etwas an. Fassen Sie dieses Bein zur Entlastung mit beiden Händen seitlich am Oberschenkel. Die Fußzehen des angehobenen Beines ziehen Sie aktiv nach oben, dabei zeigen sie nach vorne (Abb. 45). Anschließend strecken Sie das angehobene Bein im Kniegelenk. Strecken Sie jedoch das Knie nicht völlig durch, sondern beenden Sie die Streckbewegung kurz bevor der Unterschenkel die Waagrechte erreicht. Strecken Sie das Kniegelenk nur so weit, wie Sie den Rücken gerade halten können. Die Fußspitze wird bei der gesamten Bewegung in Richtung Knie gezogen und langsam mit dem Unterschenkel nach außen weg gedreht (Abb. 46). Achten Sie darauf, dass Sie den Oberschenkel möglichst wenig mit nach außen drehen. Nun beugen Sie das Bein im Kniegelenk wieder zurück zur Ausgangsposition und wiederholen den beschriebenen Bewegungsablauf. Denken Sie daran, diese Übung auch mit dem anderen Bein entsprechend auszuführen.

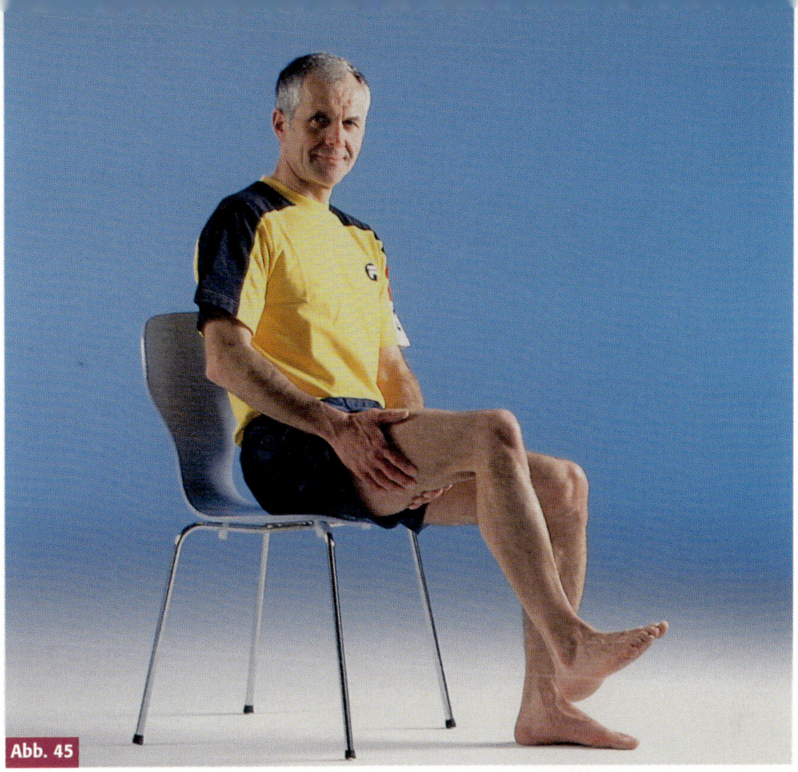

Abb. 45

Abb. 46

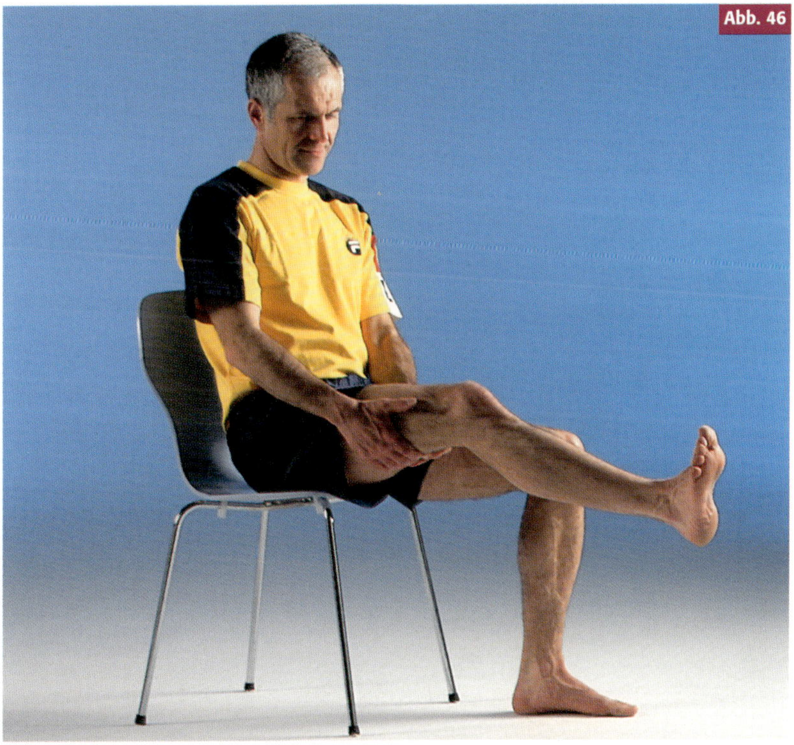

4. Übung:

Diese Übung dehnt die Muskulatur der Oberschenkelvorderseite, die das Bein im Kniegelenk streckt und im Hüftgelenk beugt.

- Legen Sie sich auf die Seite und legen Sie das untere Bein gebeugt vor dem Körper ab. Den Kopf können Sie auf dem unteren Arm oder auf einem Kissen ablegen. Anschließend beugen Sie das obere Bein im Kniegelenk und fassen das Fußgelenk mit der Hand des freien Armes. Achten Sie zum Schutz der Wirbelsäule darauf, dass Sie von Kopf bis zum oberen Knie eine Linie bilden und verwringen Sie nicht die Wirbelsäule. Ziehen Sie nun den Fuß zum Gesäß, bis Sie in der Oberschenkelvorderseite ein leichtes Ziehen spüren (Abb. 47). Weichen Sie mit dem Knie nicht nach oben oder vorne aus und achten Sie darauf, dass die Lendenwirbelsäule nicht in ein Hohlkreuz ausweicht. Denken Sie daran, diese Übung auch mit dem anderen Bein auszuführen.

Abb. 47

4. Übungsprogramm

1. Übung:

Diese Übung mobilisiert die Kniegelenke und bereitet Sie auf die Kräftigungs- und Dehnübungen vor.

- Legen Sie sich auf den Rücken. Die Arme liegen seitlich neben dem Oberkörper und die Beine sind gebeugt auf dem Boden aufgestellt. Zur Stabilisation des Rückens können Sie ein zusammengerolltes Handtuch zwischen Lendenwirbelsäule und Boden legen. Anschließend heben Sie die gebeugten Beine vom Boden ab und führen damit eine Bewegung aus, die Sie vom Radfahren her kennen, nur eben rückwärts (Abb. 48). Strecken Sie dabei die Kniegelenke nie ganz durch. Achten Sie darauf, dass die Lendenwirbelsäule nicht in ein Hohlkreuz ausweicht.

Abb. 48

2. Übung:

Diese Übung kräftigt gleichzeitig die Muskulatur der Oberschenkel- und der Gesäßaußenseite, die das Bein zur Seite abspreizt.

- Legen Sie sich auf die Seite und legen Sie das untere Bein gebeugt vor dem Körper ab. Der obere Arm stabilisiert den Rumpf, indem Sie sich mit der Hand auf dem Boden abstützen. Den Kopf können Sie auf dem unteren Arm oder auf einem Kissen ablegen. Anschließend heben Sie das fast gestreckte obere Bein einige Zentimeter vom Boden ab. Achten Sie zum Schutz der Wirbelsäule darauf, dass Sie von Kopf bis zum oberen Fuß eine Linie bilden und verwringen Sie nicht die Wirbelsäule. Heben Sie das Bein nur so hoch an, dass Sie nicht mit dem Becken nach hinten ausweichen. Die Fußspitze des oberen Beines zeigt bei der gesamten Bewegung nach vorne (Abb. 49). Nun senken Sie das Bein wieder zurück zur Ausgangsposition und wiederholen den beschriebenen Bewegungsablauf. Denken Sie daran, diese Übung auch mit dem anderen Bein auszuführen.

3. Übung:

Diese Übung kräftigt gleichzeitig die Muskulatur der Oberschenkelvorderseite, welche das Kniegelenk streckt, die

Abb. 49

Abb. 50

vordere Schienbeinmuskulatur, welche den Fuß anhebt und die zahlreichen Drehmuskeln, welche das Kniegelenk nach innen rotieren.

- Setzen Sie sich mit aufrechtem Oberkörper auf einen Stuhl. Die Beine beugen Sie so stark, dass in Knie- und Hüftgelenk ein 90-Grad-Winkel entsteht. Heben Sie nun ein Bein etwas an. Fassen Sie dieses Bein zur Entlastung mit beiden Händen seitlich am Oberschenkel. Die Fußspitze des angehobenen Beines ziehen Sie aktiv nach oben, dabei zeigt sie nach vorne (Abb. 50). Anschließend strecken Sie das angehobene Bein im Kniegelenk. Strecken Sie jedoch das Knie nicht völlig durch, sondern beenden Sie die Streckbewegung kurz bevor der Unterschenkel die Waagrechte erreicht. Strecken Sie das Kniegelenk auch nur so weit, wie Sie den Rücken gerade halten können. Die Fußspitze wird bei der gesamten Bewegung in Richtung Knie gezogen und langsam mit dem Unterschenkel nach innen gedreht (Abb. 51). Achten Sie darauf, dass Sie den Oberschenkel möglichst wenig mit nach innen drehen. Nun beugen Sie das Bein im Kniegelenk wieder zurück zur Ausgangsposition und wiederholen den beschriebenen Bewegungsablauf. Denken Sie daran, diese Übung auch mit dem anderen Bein auszuführen.

Abb. 51

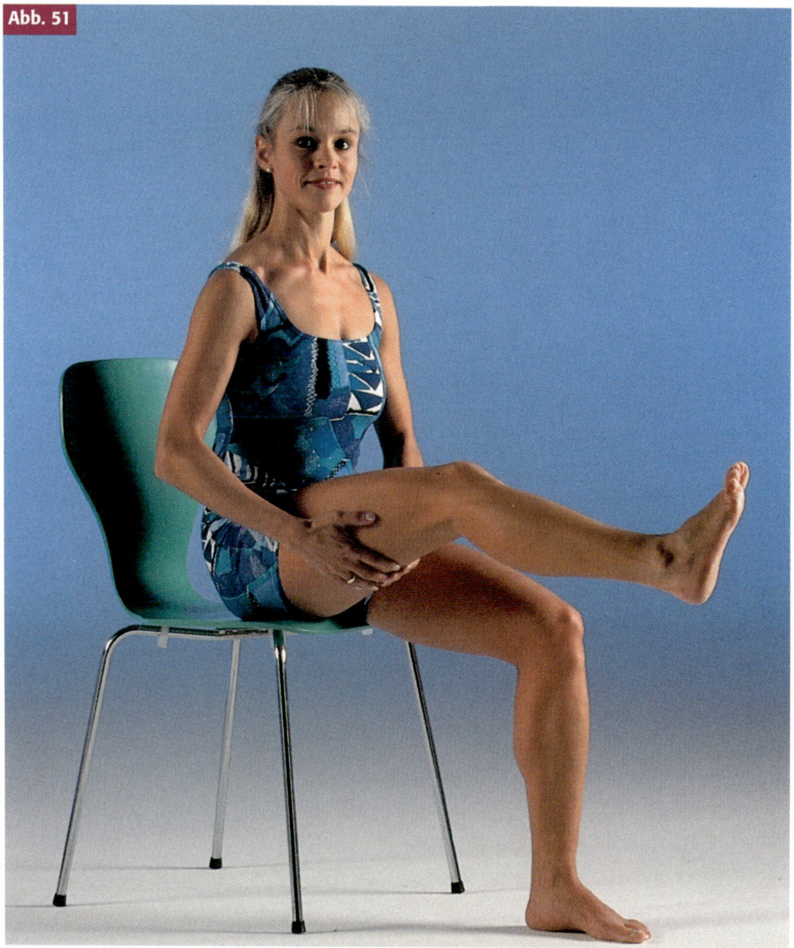

4. Übung:

Diese Übung dehnt die Oberschenkelrückseite, die das Kniegelenk beugt und das Hüftgelenk streckt.

- Legen Sie sich auf den Rücken. Die Arme liegen seitlich neben dem Oberkörper, die Beine sind gebeugt und die Füße hüftbreit auseinander aufgestellt. Achten Sie darauf, dass die Knie genauso weit auseinander sind wie die Füße. Zur Stabilisation des Rückens können Sie ein zusammengerolltes Handtuch zwischen Lendenwirbelsäule und Boden legen. Anschließend heben Sie ein gebeugtes Bein vom Boden ab. Fassen Sie mit beiden Händen den Oberschenkel und ziehen Sie das Bein etwas zur Brust. Strecken Sie nun das Bein im Kniegelenk, bis Sie auf der Oberschenkelrückseite ein leichtes Ziehen spüren (Abb. 52). Danach beugen Sie das Bein langsam wieder zurück zur Ausgangsposition und wiederholen den beschriebenen Bewegungsablauf. Denken Sie daran, diese Übung auch mit dem anderen Bein entsprechend auszuführen.

ɔb. 52

5. Übungsprogramm

1. Übung:

Diese Übung kräftigt die Beinmuskulatur und fördert die Koordination und das Gleichgewicht.

- Beginnen Sie im Stand mit gegrätschten und gleichzeitig leicht gebeugten Beinen. Die Füße und damit die gesamten Beinachsen zeigen etwas nach außen. Verlagern Sie nun das Körpergewicht auf ein Bein. Hierzu beugen Sie dieses Bein etwas mehr, das Knie bewegt sich dabei über den Fußballen. Kehren sie anschließend zurück zur Ausgangsposition und wiederholen den beschriebenen Bewegungsablauf zur anderen Seite. Bei der Durchführung dieser Bewegung können Sie sich vorstellen, dass Sie wie ein Pendel zwischen den beiden Endpositionen hin und her schwingen (Abb. 53, 54).

Abb. 53

Abb. 54

2. Übung:

Diese Übung kräftigt gleichzeitig die Muskulatur der Oberschenkelvorderseite, welche das Kniegelenk streckt, die Wadenmuskulatur, welche den Fuß nach unten drückt und die Drehmuskulatur, welche das Kniegelenk nach außen rotiert.

- Setzen Sie sich mit aufrechtem Oberkörper auf einen Stuhl. Die Beine beugen Sie so stark, dass in Knie- und Hüftgelenk ein 90-Grad-Winkel entsteht. Heben Sie nun ein Bein etwas an. Fassen Sie dieses Bein zur Entlastung mit beiden Händen seitlich am Oberschenkel. Die Fußspitze des angehobenen Beines ziehen Sie aktiv nach oben, dabei zeigt sie nach vorne. Anschließend strecken Sie das angehobene Bein im Kniegelenk. Strecken Sie jedoch das Knie nicht völlig durch, sondern beenden Sie die Streckbewegung kurz bevor der Unterschenkel die Waagrechte erreicht. Strecken Sie das Kniegelenk nur so weit, wie Sie den

Abb. 55

Rücken gerade halten können. Bewegen Sie das Bein so, dass Fußspitze und Unterschenkel bei fast gestrecktem Kniegelenk nach vorne außen zeigen (Abb. 55). Achten Sie darauf, dass Sie den Oberschenkel wenig mit nach außen drehen. Nun beugen Sie das Bein im Kniegelenk wieder zurück zur Ausgangsposition und wiederholen den Bewegungsablauf. Denken Sie daran, diese Übung auch mit dem anderen Bein auszuführen.

3. Übung:

Diese Übung kräftigt aktiv die Oberschenkelvorderseite, die das Kniegelenk streckt und nach außen rotiert, und dehnt passiv die Oberschenkelrückseite.

- Legen Sie sich auf den Rücken. Die Arme liegen seitlich neben dem Oberkörper, die Beine sind gebeugt und die Füße hüftbreit auseinander aufgestellt. Achten Sie darauf, dass die Knie genauso weit auseinander sind wie die Füße. Zur Stabilisation des Rückens können Sie ein zusammengerolltes Handtuch zwischen Lendenwirbelsäule und Boden legen. Anschließend heben Sie ein gebeugtes Bein ein Stück vom Boden ab. Strecken Sie nun das Bein im Kniegelenk und drehen Sie gleichzeitig den Unterschenkel und den Fuß nach außen (Abb. 56). Danach beugen Sie das Bein langsam wieder zurück zur Ausgangsposition und wiederholen den Bewegungsablauf. Denken Sie daran, diese Übung auch mit dem anderen Bein auszuführen.

b. 56

4. Übung:

Diese Übung dehnt die Oberschenkelinnenseite, die die Beine zusammenführt.

- Legen Sie sich auf den Rücken, möglichst nah mit dem Gesäß an eine Wand. Die gestreckten Beine berühren mit den Fersen die Wand (Abb. 57). Überstrecken Sie bei dieser Übung nicht die Kniegelenke. Zur Stabilisation des Rückens können Sie ein zusammengerolltes Handtuch zwischen Lendenwirbelsäule und Boden legen. Die Arme liegen seitlich neben dem Oberkörper. Anschließend legen Sie die Hände auf die Oberschenkelinnenseite und drücken die Beine nach außen, bis Sie ein leichtes Ziehen in der Oberschenkelinnenseite spüren. Achten Sie darauf, dass die Lendenwirbelsäule nicht in ein Hohlkreuz ausweicht.

Abb. 57

6. Übungsprogramm

1. Übung:

Diese Übung kräftigt die Bein- und Gesäßmuskulatur, die das Knie- und Hüftgelenk streckt.

- Beginnen Sie im Stand mit hüftbreit gegrätschten und gleichzeitig leicht gebeugten Beinen. Zur Erleichterung können Sie sich mit den Händen auf zwei Stuhllehnen abstützen. Die Füße und damit die gesamten Beinachsen zeigen etwas nach außen (Abb. 58). Beugen Sie die Kniegelenke etwas stärker und verlagern Sie nun das Körpergewicht auf die Fersen. Beugen Sie die Knie nicht zu stark, maximal 45 Grad über der Waagrechten. Kehren Sie anschließend zurück zur Ausgangsposition und wiederholen Sie den gesamten Bewegungsablauf.

Bei der Durchführung dieser Bewegung können Sie sich vorstellen, dass Sie wie ein Pendel zwischen den beiden Endpositionen auf und ab schwingen.

Abb. 58

2. Übung:

Diese Übung kräftigt die Beinmuskulatur der Oberschenkelinnenseite, welche die Beine zusammenführt.

- Setzen Sie sich auf den Boden, legen Sie ein Buch oder einen Ball zwischen die gebeugten Knie und stützen Sie sich mit den Armen hinter dem Oberkörper ab. Anschließend drücken Sie mit den Knien das Buch bzw. den Ball zwischen den Beinen leicht zusammen (Abb. 59). Überstrecken Sie bei dieser Übung nicht die Ellenbogen und vermeiden Sie einen Rundrücken. Achten Sie darauf, dass Sie die Atmung nicht anhalten, sondern gleichmäßig und entspannt weiteratmen.

3. Übung:

Diese Übung kräftigt gleichzeitig die Muskulatur der Oberschenkelvorderseite, welche das Kniegelenk streckt, die Wadenmuskulatur, welche den Fuß nach unten drückt und die Drehmuskulatur, die das Kniegelenk nach innen rotiert.

- Setzen Sie sich mit aufrechtem Oberkörper auf einen Stuhl. Die Beine beugen Sie so weit, dass in Knie- und Hüftgelenk ein 90-Grad-Winkel entsteht. Heben Sie nun ein Bein etwas an. Fassen Sie es zur Entlastung mit beiden Händen seitlich am Oberschenkel. Die Fußspitze des angehobenen Beines ziehen Sie aktiv nach oben,

Abb. 59

dabei zeigt sie nach vorne. Anschließend strecken Sie das angehobene Bein im Kniegelenk. Strecken Sie jedoch das Knie nicht völlig durch, sondern beenden Sie die Streckbewegung kurz bevor der Unterschenkel die Waagrechte erreicht. Strecken Sie das Kniegelenk auch nur so weit, dass Sie den Rücken gerade halten können.
Bewegen Sie das Bein so, dass die Fußspitze und der Unterschenkel bei fast gestrecktem Kniegelenk nach vorne und nach innen zeigen (Abb. 60). Achten Sie darauf, dass Sie den Oberschenkel möglichst wenig mit nach innen drehen. Nun beugen Sie das Bein im Kniegelenk wieder zurück zur Ausgangsposition und wiederholen den beschriebenen Bewegungsablauf. Denken Sie daran, diese Übung auch mit dem anderen Bein auszuführen.

4. Übung:

Diese Übung dehnt die Muskulatur der Oberschenkelvorderseite, die das Bein im Kniegelenk streckt und im Hüftgelenk beugt.

- Setzen Sie sich mit aufrechtem Oberkörper seitlich auf einen Stuhl und stabilisieren Sie den Rumpf, indem Sie sich mit der Hand an der Stuhllehne fixieren. Anschließend beugen Sie das freie Bein im Kniegelenk und fassen das Fußgelenk mit der Hand. Achten Sie zum Schutz der Wirbelsäule darauf,

Abb. 60

dass Sie von Kopf bis zum Knie eine Linie bilden und verwringen Sie nicht die Wirbelsäule. Ziehen Sie nun den Fuß zum Gesäß, bis Sie in der Oberschenkelvorderseite ein leichtes Ziehen spüren (Abb. 61). Weichen Sie mit dem Knie nicht zur Seite oder nach vorne aus und achten Sie darauf, dass Sie in der Lendenwirbelsäule kein Hohlkreuz machen.

Denken Sie daran, diese Übung auch mit dem anderen Bein auszuführen.

Abb. 61

7. Übungsprogramm

1. Übung:

Diese Übung kräftigt die Beinmuskulatur und fördert ihre Koordination und das Gleichgewicht.

- Beginnen Sie im Stand mit hüftbreit gegrätschten und gleichzeitig leicht gebeugten Beinen. Die Füße und damit die gesamten Beinachsen zeigen etwas nach außen (Abb. 62). Verlagern Sie nun das Körpergewicht nach vorne auf die Fußballen, die Fersen sollten dabei nicht abheben (Abb. 63). Kehren Sie

b. 62

Abb. 63

anschließend zurück zur Ausgangsposition und verlagern Sie das Körpergewicht auf die Fersen. Danach wiederholen Sie den gesamten Bewegungsablauf. Dabei können Sie sich vorstellen, dass Sie wie ein Pendel zwischen den beiden Endpositionen vor und zurück schwingen.

2. Übung:

Diese Übung kräftigt gleichzeitig die Muskulatur, die das Kniegelenk nach innen und außen rotiert.

- Setzen Sie sich mit aufrechtem Oberkörper auf einen Stuhl. Die Beine beugen Sie so weit, dass in Knie- und Hüftgelenk ein 90-Grad-Winkel entsteht. Heben Sie nun ein Bein etwas an. Fassen Sie dieses Bein zur Entlastung mit beiden Händen seitlich am Oberschenkel. Die Fußspitze des angehobenen Beines ziehen Sie aktiv nach oben, dabei zeigt sie nach vorne (Abb. 64, 65). Anschließend drehen Sie den Unterschenkel nach außen und nach innen, möglichst ohne den Oberschenkel mit zu bewegen. Führen Sie diese Übung nur so lange durch, wie Sie den Rücken gerade halten können. Denken Sie daran, diese Übung auch mit dem anderen Bein auszuführen.

Abb. 64

Abb. 65

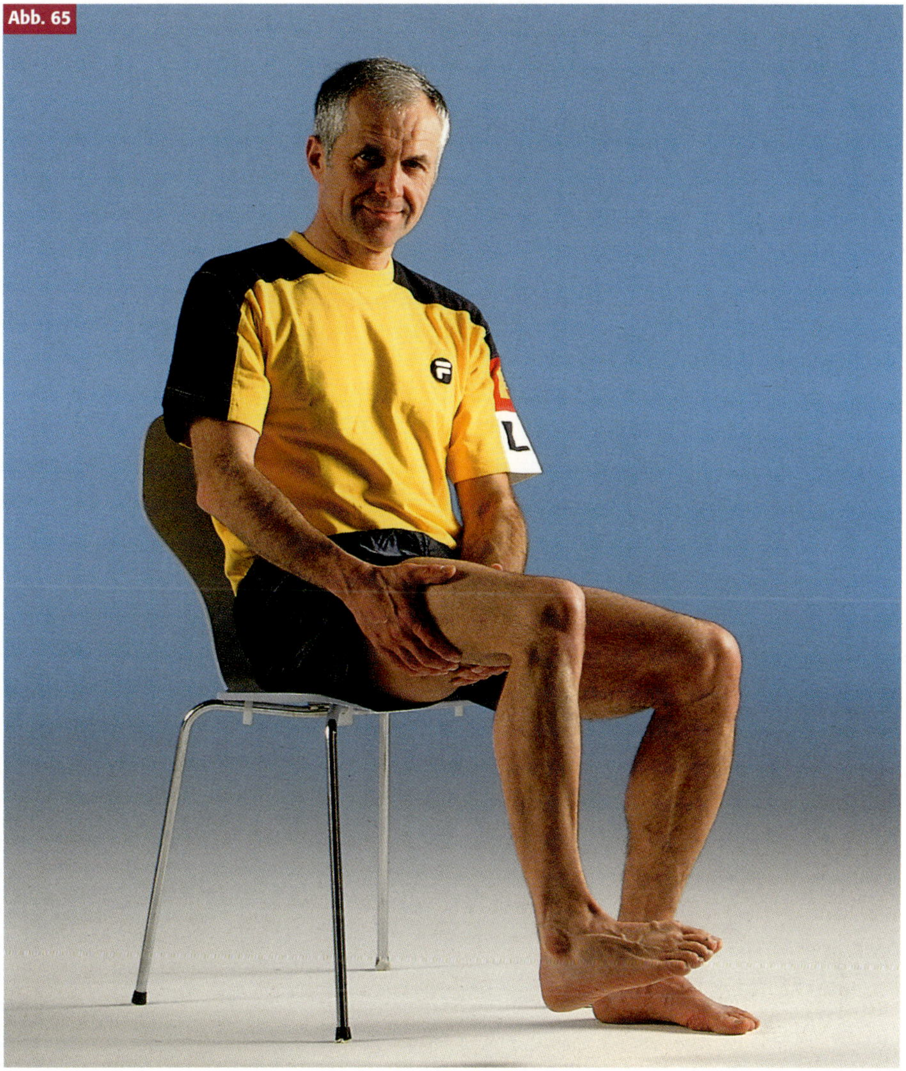

3. Übung:

Diese Übung kräftigt gleichzeitig die Oberschenkel- und Gesäßmuskulatur sowie die tiefe Rückenmuskulatur der Lendenwirbelsäule.

• Legen Sie sich auf den Rücken und legen Sie die Unterschenkel auf einem Stuhl ab. Die Arme liegen seitlich neben dem Oberkörper, die Knie sind gebeugt und die Füße hüftbreit auseinander (Abb. 66). Achten Sie darauf, dass Sie zwischen den Knien den gleichen Abstand haben wie zwischen den Füßen. Anschließend heben Sie den Rumpf vom Boden ab (Abb. 67). Danach senken Sie den Rumpf wieder zurück zur Ausgangsposition und wiederholen den beschriebenen Bewegungsablauf.

Abb.

Abb.

4. Übung:

Diese Übung dehnt die Oberschenkelrückseite, welche das Kniegelenk beugt, und die Wadenmuskulatur.

- Legen Sie sich auf den Rücken. Die Arme liegen seitlich neben dem Oberkörper, die Beine sind gebeugt und die Füße hüftbreit auseinander aufgestellt. Achten Sie darauf, dass Sie zwischen den Knien den gleichen Abstand haben wie zwischen den Füßen. Zur Stabilisation des Rückens können Sie ein zusammengerolltes Handtuch zwischen Lendenwirbelsäule und Boden legen.

Anschließend heben Sie ein gebeugtes Bein vom Boden ab. Fassen Sie mit beiden Händen den Oberschenkel und strecken Sie das Bein nach oben, bis Sie auf der Oberschenkelrückseite ein leichtes Ziehen spüren. Danach bewegen Sie nur den Fuß langsam nach innen und außen (Abb. 68, 69). Denken Sie daran, diese Übung auch mit dem anderen Bein auszuführen.

b. 68

8. Übungsprogramm

1. Übung:

Diese Übung kräftigt die Bein- und Gesäßmuskulatur, die das Knie- und Hüftgelenk streckt.

- Beginnen Sie im Stand mit hüftbreit gegrätschten und gleichzeitig leicht gebeugten Kniegelenken. Zur Stabilisation können Sie sich in Brusthöhe mit den Händen an der Wand abstützen. Heben Sie nun die Fersen vom Boden ab (Abb. 70). Achten Sie darauf, dass die Füße nicht seitlich wegdrehen. Kehren Sie zurück zur Ausgangsposition. Wiederholen Sie den gesamten Bewegungsablauf. Bei der Durchführung dieser Bewegung können Sie sich vorstellen, dass Sie zwischen den beiden Endpositionen auf und ab pendeln.

Abb. 70

2. Übung:

Diese Übung kräftigt gleichzeitig die Muskulatur, die das Kniegelenk nach innen und außen rotiert und das Fußgelenk bewegt.

• Setzen Sie sich mit aufrechtem Oberkörper auf einen Stuhl. Die Beine beugen Sie so weit, dass in Knie- und Hüftgelenk ein 90-Grad-Winkel entsteht. Heben Sie nun ein Bein etwas an und führen Sie den Unterschenkel hinter das andere Bein. Sie können dieses Bein zur Entlastung mit beiden Händen seitlich am Oberschenkel fassen. Drücken Sie die Fußspitze des angehobenen Beines nach unten (Abb. 71). Nun führen Sie das angehobene Bein im Kniegelenk nach außen, möglichst ohne den Oberschenkel mit zu bewegen. Versuchen Sie, die Fußaußenkante nach oben zu heben (Abb. 72). Führen Sie diese Übung nur so lange durch, wie Sie den Rücken gerade halten können. Denken Sie daran, diese Übung auch mit dem anderen Bein auszuführen.

Abb. 71

Abb. 72

3. Übung:

Diese Übung kräftigt die fast gesamte Beinmuskulatur und fördert die Koordination und das Gleichgewicht.

- Beginnen Sie in Schrittposition, mit hüftbreit gegrätschten und gleichzeitig leicht gebeugten Beinen. Verlagern Sie das Körpergewicht nach vorne und heben Sie gleichzeitig die Ferse des hinteren Beines ab (Abb. 73). Verlagern Sie nun das Körpergewicht auf das hintere Bein und heben Sie gleichzeitig den Fußballen des vorderen Beines ab (Abb. 74). Kehren Sie zurück zur Ausgangsposition und wiederholen Sie den gesamten Bewegungsablauf.

Achten Sie auf die achsengerechte Stellung von Hüft-, Knie- und Fußgelenken. Bei der Durchführung dieser Bewegung können Sie sich vorstellen, dass Sie wie ein Pendel zwischen den beiden Endpositionen vor und zurück schwingen.

Abb. 73

Abb. 74

4. Übung:

Diese Übung dehnt die Wadenmuskulatur, die das Kniegelenk beugt und den Fuß nach unten drückt.

- Stellen Sie sich in Schrittposition vor eine Wand. Verlagern Sie das Körpergewicht auf das gebeugte vordere Bein. Zur Stabilisation des Rumpfes legen Sie die Hände in Brusthöhe an die Wand. Anschließend stellen Sie das hintere gestreckte Bein etwas weiter von der Wand weg. Versuchen Sie nun, die Ferse des hinteren Beines in Richtung Boden zu schieben, bis Sie ein leichtes Ziehen spüren (Abb. 75). Achten Sie darauf, dass Sie bei der Durchführung den Rücken gerade halten und nicht in ein Hohlkreuz oder einen Rundrücken ausweichen. Denken Sie daran, diese Übung auch mit dem anderen Bein auszuführen.

Abb. 75

9. Übungsprogramm

1. Übung:

Diese Übung kräftigt die Bein- und Gesäßmuskulatur, die das Knie- und Hüftgelenk strecken.

- Beginnen Sie im Stand mit gegrätschten und gleichzeitig leicht gebeugten Beinen. Die Füße und damit die gesamten Beinachsen zeigen etwas nach außen (Abb. 76). Beugen Sie die Kniegelenke etwas stärker, und verlagern Sie nun das Körpergewicht auf die Fersen. Beugen Sie die Kniegelenke bis

Abb. 76

zu 45 Grad über der Waagrechten (Abb. 77). Kehren Sie anschließend zurück zur Ausgangsposition und wiederholen Sie den gesamten Bewegungsablauf. Bei der Durchführung dieser Bewegung können Sie sich vorstellen, dass Sie zwischen den beiden Endpositionen auf und ab pendeln.

Abb. 77

2. Übung:

Diese Übung kräftigt gleichzeitig die Muskulatur, die den Fuß und das Knie bewegt.

- Setzen Sie sich mit aufrechtem Oberkörper auf einen Stuhl und legen Sie die Hände auf die Oberschenkel. Die Beine beugen Sie so weit, dass in Knie- und Hüftgelenk ein 90-Grad-Winkel entsteht. Heben Sie die Fersen ab und drücken Sie die Fußballen nach unten auf den Boden (Abb. 78). Anschließend rollen Sie die Füße nach hinten ab, bis die Fußballen vom Boden abheben (Abb. 79). Führen Sie diese Übung nur so lange durch, wie Sie den Rücken gerade halten können. Fällt Ihnen diese Übung sehr leicht, können Sie mit den Händen durch leichten Druck auf die Oberschenkel die Beanspruchung erhöhen.

Abb. 78

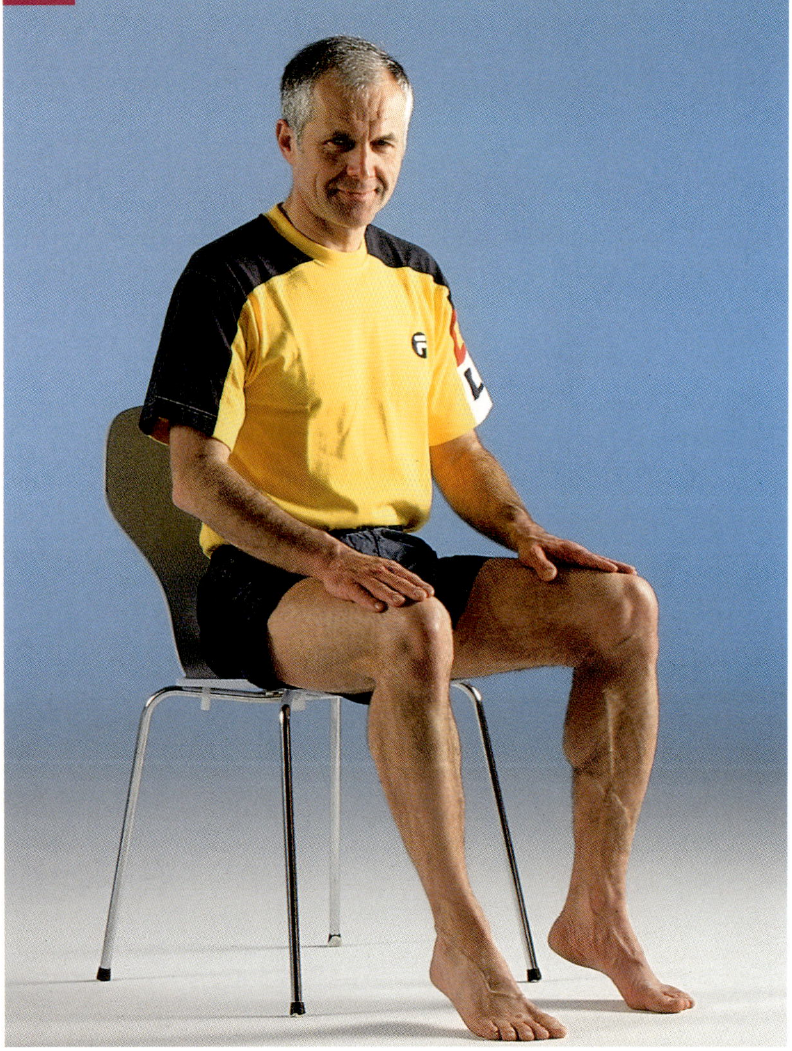

Abb. 79

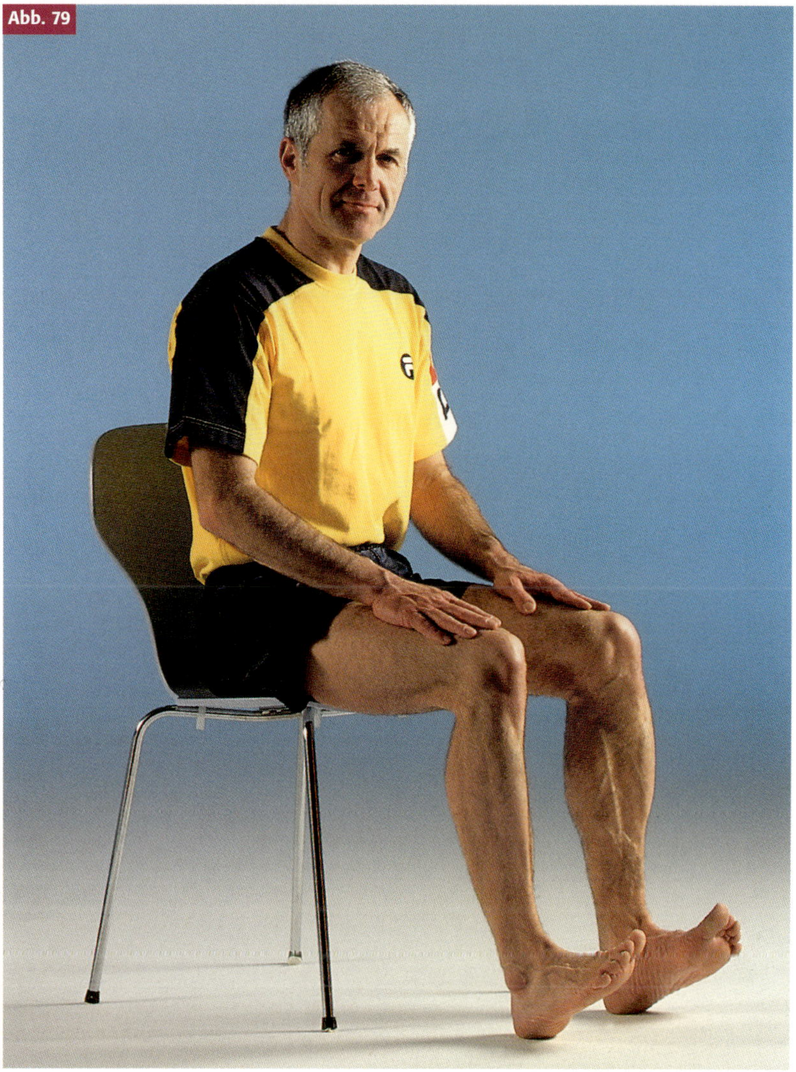

3. Übung:

Diese Übung kräftigt die Gesäß- und Oberschenkelmuskulatur, die das Bein zur Seite abspreizt.

- Setzen Sie sich mit aufrechtem Oberkörper auf einen Stuhl und legen Sie die Hände seitlich an die Oberschenkel. Die Beine beugen Sie so stark, dass in Knie- und Hüftgelenk ein 90-Grad-Winkel entsteht. Drücken Sie nun mit den Händen gegen die Außenseite der Oberschenkel und halten Sie mit den Beinen die Gegenspannung (Abb. 80). Führen Sie diese Übung nur so lange durch, wie Sie den Rücken gerade halten können. Bei dieser Übung sollten Sie besonders auf die Atmung achten, d.h., halten Sie die Luft nicht an, sondern atmen Sie gleichmäßig weiter.

Abb. 80

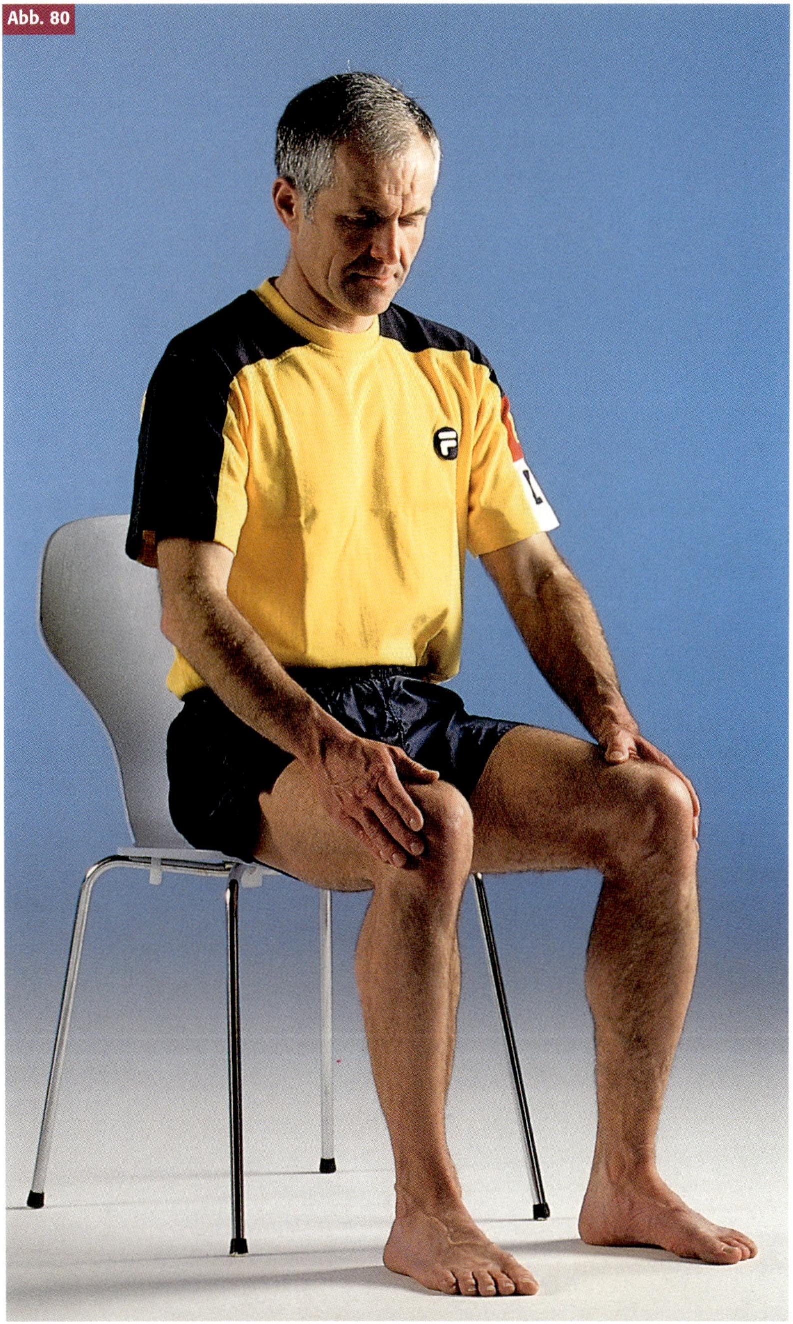

4. Übung:

Diese Übung dehnt die Oberschenkelrückseite und die Wadenmuskulatur, die das Kniegelenk beugt.

- Stellen Sie zwei Stühle gegeneinander und setzen Sie sich so auf einen Stuhl, dass ein Bein im Zwischenraum Platz findet. Das andere Bein legen Sie mit möglichst gestrecktem Kniegelenk auf der Sitzfläche des zweiten Stuhls ab. Die Hände ruhen auf den Oberschenkeln. Achten Sie darauf, dass Sie aufrecht sitzen und keinen Rundrücken machen. Ziehen Sie nun die Fußspitze des oberen Beines zu sich heran, bis Sie ein leichtes Ziehen spüren (Abb. 81).

Denken Sie daran, diese Übung auch mit dem anderen Bein auszuführen.

b. 81

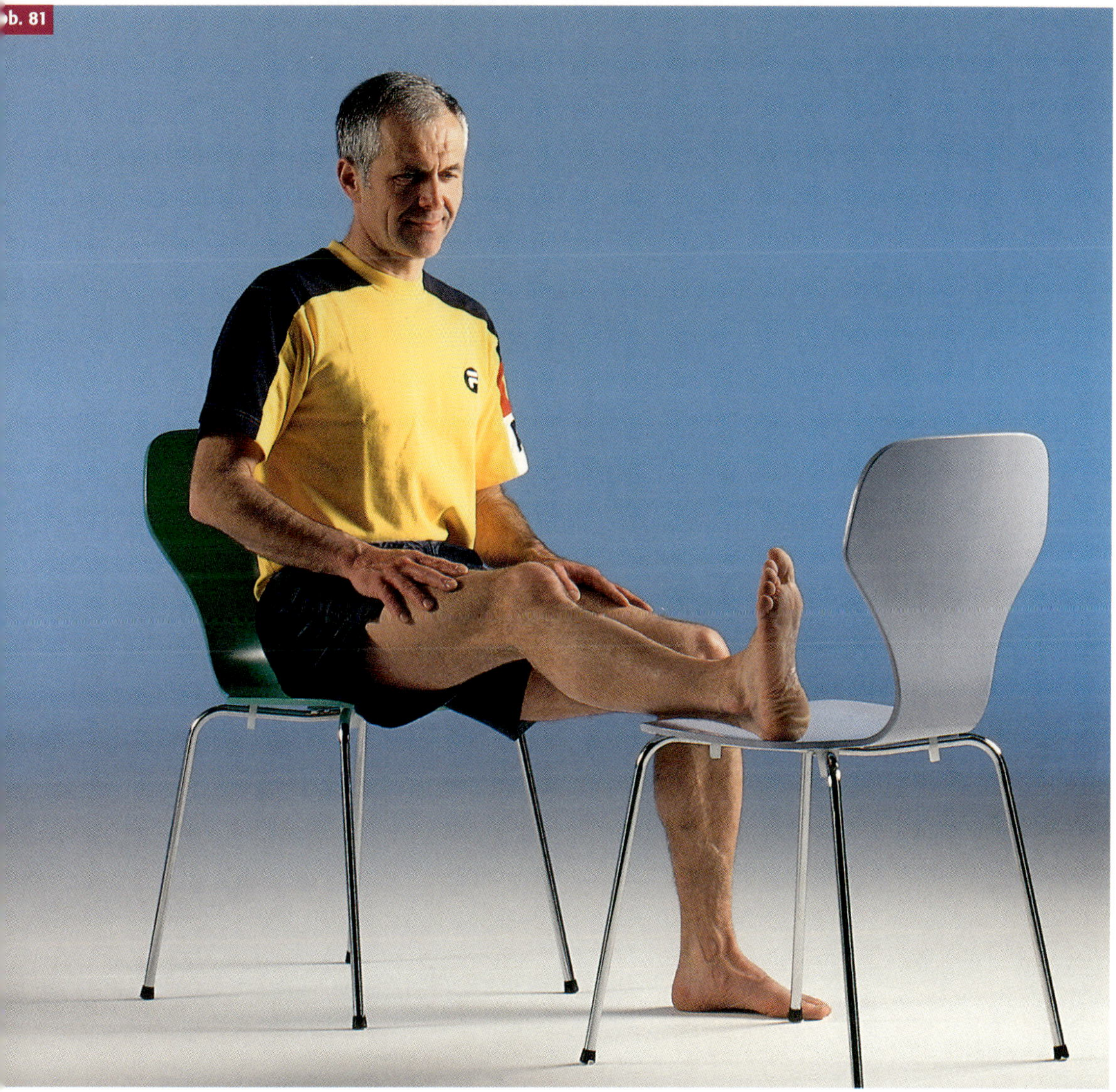

10. Übungsprogramm

1. Übung:

Diese Übung dient in erster Linie zur Kräftigung der Gesäßmuskulatur, die das Bein zur Seite abspreizt.

- Befestigen Sie das Thera-Band an einer Wandhalterung oder an einem rutschfesten Stuhl. Fixieren Sie das Band breitflächig am Unterschenkel, nah am Fuß. Anschließend stabilisieren Sie die Standposition mit einer Hand an der Wand oder Stuhllehne. Das Knie des Standbeines ist leicht gebeugt. Die

Abb. 82

angespannte Bauch- und Gesäßmuskulatur fixiert den Oberkörper (Abb. 82). Bewegen Sie nun das freie, äußere Bein zur Seite. Die Fußspitze zeigt dabei immer nach vorne. Diese Abspreizbewegung ist relativ kurz, dennoch sollte das Band immer unter Spannung bleiben. Bemühen Sie sich, den Oberkörper und das Becken stabil zu halten und nicht mit zu bewegen (Abb. 83). Denken Sie daran, diese Übung auch mit dem anderen Bein entsprechend auszuführen.

Abb. 83

2. Übung:

Sie kräftigt die Muskulatur der Beinrückseite, die das Kniegelenk beugt.

- Befestigen Sie das Thera-Band an einer Wandhalterung. Fixieren Sie das Band breitflächig am Unterschenkel, nah am Fuß. Anschließend setzen Sie sich mit aufrechtem Oberkörper auf einen Stuhl (Abb. 84). Die angespannte Bauch- und Rückenmuskulatur fixiert den Oberkörper.

Abb. 84

Beugen und strecken Sie nun das Trainingsbein im Kniegelenk. Die Fußspitze zeigt dabei immer nach vorne. Diese Bewegung ist relativ kurz, dennoch sollte das Band immer unter Spannung bleiben. Bemühen Sie sich, den Oberkörper stabil zu halten, nicht mit zu bewegen und keinen Rundrücken zu machen (Abb. 85).
Denken Sie daran, diese Übung auch mit dem anderen Bein entsprechend auszuführen.

bb. 85

3. Übung:

Diese Übung dient zur Kräftigung der Muskulatur der Beininnenseite, welche die Beine zusammenführt.

- Befestigen Sie das Thera-Band an einer Wandhalterung oder an einem rutschfesten Stuhl. Fixieren Sie das Band breitflächig am Unterschenkel, nah am Fuß. Anschließend stabilisieren Sie die Standposition mit einer Hand an der Wand oder Stuhllehne. Das Knie des Standbeines ist leicht gebeugt (Abb. 86). Die angespannte Bauch-

Abb. 86

und Gesäßmuskulatur fixiert den Oberkörper. Bewegen Sie nun das freie, innere Bein von der Seite vor das Standbein. Die Fußspitze zeigt dabei immer nach vorne (Abb. 87). Diese Bewegung ist relativ kurz, dennoch sollte das Band immer unter Spannung bleiben. Bemühen Sie sich, den Oberkörper und das Becken stabil zu halten und nicht mit zu bewegen. Denken Sie daran, diese Übung auch mit dem anderen Bein auszuführen.

Abb. 87

4. Übung:

Diese Übung kräftigt die Fuß- und Wadenmuskulatur.

- Setzen Sie sich auf den Boden und fixieren Sie ein Thera-Band zwischen Ihren Händen und Füßen. Die Beine sind im Kniegelenk gebeugt, Füße und Knie jeweils hüftbreit auseinander, und die Fersen sind auf dem Boden abgestellt. Strecken Sie nun das Trainingsbein im Fußgelenk nach vorne und unten (Abb. 88). Danach bewegen Sie den Fuß wieder zurück zur Ausgangsposition und wiederholen den beschriebenen Bewegungsablauf mit dem anderen Fuß (Abb. 89). Achten Sie darauf, dass Sie aufrecht sitzen und keinen Rundrücken machen. Falls dies nicht möglich ist, können Sie diese Übung auch auf einem Stuhl sitzend ausführen.

Abb. 8

Abb. 89

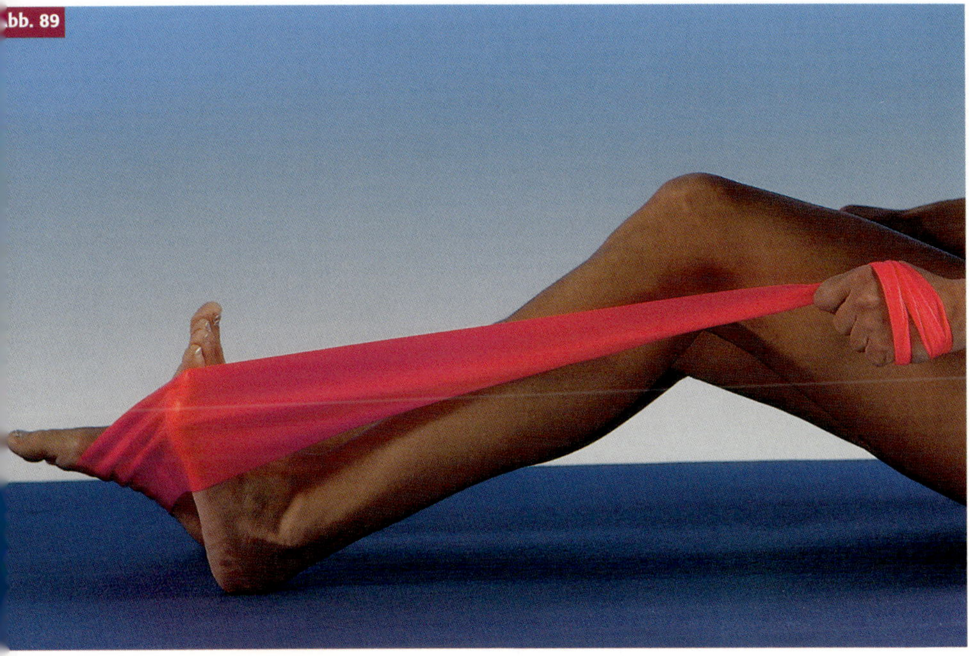

5. Übung:

Diese Übung dient zur Kräftigung der Gesäß- und Oberschenkelmuskulatur, die das Hüftgelenk streckt.

- Befestigen Sie das Thera-Band an einer Wandhalterung oder an einem rutschfesten Stuhl. Fixieren Sie das Band breitflächig am Unterschenkel, nah am Fuß. Anschließend stabilisieren Sie die Standposition mit beiden Händen an der Wand oder Stuhllehne. Das Knie des Standbeines ist leicht gebeugt. Die angespannte Bauch- und Gesäßmuskulatur fixiert den Oberkörper (Abb. 90). Bewegen Sie nun das freie Bein etwas hinter das Standbein. Die Fußspitze zeigt dabei immer nach vorne zur Wand bzw. zum Stuhl (Abb. 91). Diese Bewegung ist relativ kurz, dennoch sollte das Band immer unter Spannung bleiben. Bemühen Sie sich, den Oberkörper und das Becken stabil zu halten und nicht mit zu bewegen. Achten Sie besonders darauf, dass Sie in der Lendenwirbelsäule kein Hohlkreuz machen. Denken Sie daran, diese Übung auch mit dem anderen Bein auszuführen.

Abb. 90

Abb. 91

6. Übung:

Diese Übung kräftigt die Oberschenkelvorderseite, die das Kniegelenk streckt.

- Fixieren Sie ein Thera-Band zwischen beiden Händen und einem Fuß und legen Sie sich auf den Rücken. Das Trainingsbein ist gebeugt abgehoben, das andere Bein steht gebeugt mit dem Fuß am Boden. Zur Stabilisation des Rückens können Sie ein zusammengerolltes Handtuch zwischen Lendenwirbelsäule und Boden legen. Strecken Sie nun das Trainingsbein bis kurz vor die völlige Kniestreckung nach vorne und oben (Abb. 92). Danach beugen Sie das Bein langsam wieder zurück zur Ausgangsposition und wiederholen den Bewegungsablauf. Denken Sie daran, diese Übung auch mit dem anderen Bein auszuführen.

Abb. 92

Die sanften Fitnesskonzepte

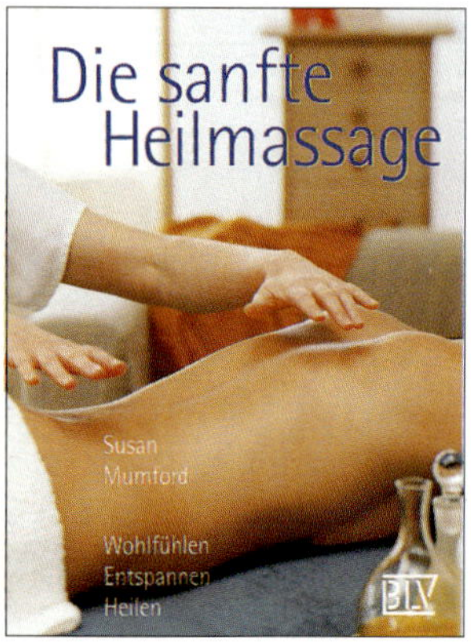

Susan Mumford
Die sanfte Heilmassage
Der Bildratgeber für alle, die sich mit ganzheitlicher Körperarbeit befassen, für Physiotherapeuten und alle Heilberufe: sanfte Heilmassagetechniken, die das energetische Gleichgewicht wiederherstellen, und ihre Anwendung bei speziellen Beschwerden.

Monika Nienaber
Wassergymnastik
Wassergymnastik als Fitness- und Ausgleichssport für jedermann, als Therapieform bei verschiedenen Erkrankungen und als sportartspezifisches Training.

Christina Gottschall / Sabine Heilig / Dr. med. Alexander Braun
9 Monate aktiv und fit
Auf Grundlage neuester wissenschaftlicher Erkenntnisse: empfehlenswerte Sportarten und ihre Wirkung in den verschiedenen Phasen der Schwangerschaft auf die werdende Mutter und auf das ungeborene Kind.

Petra Berchtold
Mondphasen-Gymnastik
Grundkenntnisse über Mondrhythmen, Atem- und Entspannungsübungen, Akupressur, positives Denken – mit Trainingsprogrammen nach dem Stand des Mondes in den Tierkreiszeichen.

Heike Höfler
Beckenbodengymnastik für Sie und Ihn
Für Frauen und Männer aller Altersgruppen: Übungsprogramme zur Kräftigung der Beckenbodenmuskulatur bei Rückenbeschwerden, bei Haltungsproblemen, zur Steigerung der sexuellen Empfindungsfähigkeit, nach Operationen und vieles mehr.

Achim Eckert
Körpertraining
Funktionell ausgewogenes Training, das ganzheitlich wirkt: die einzelnen Körperbereiche und ihre emotionale Bedeutung, gezieltes Training der verschiedenen Muskelgruppen und seine Auswirkungen auf die Psyche, häufige Fehlhaltungen und ihre Korrektur, die verschiedenen Körpertypen.

blv